普通高等教育实验实训规划教材

U0657869

电气信息类

模拟电子技术实验

主　编　于　军
副主编　吴兴波　付　莉
编　写　孙立辉　张慧颖　吴正玲
主　审　翟玉文

中国电力出版社
CHINA ELECTRIC POWER PRESS

内 容 提 要

本书是普通高等教育实验实训规划教材（电气信息类）。根据模拟电子技术的课程要求，结合近年来电子信息技术的发展和高校实验课程的需求，针对提高学生的综合实践能力和创新意识而编写。

全书包括验证性实验 5 个，设计性实验 6 个、综合设计性实验 5 个、MultiSIM9.0 仿真软件的使用实验 5 个、MultiSIM9.0 仿真实验 4 个，共 25 个实验。既包括模拟电子电路的基本测试技术、综合设计和分析、又包括 MultiSIM9.0 仿真模拟电子电路的内容。MultiSIM9.0 既可以进行实验仿真，又可以辅助理论教学。实验内容及其难易程度覆盖了不同层次的实验教学要求，各院校可依据自己的实际情况灵活安排教学内容。

本书既可作为高等学校电气课程、电气信息类和部分非电类专业本科生的实验教材，也可作为广大电子行业工作者和电子爱好者的参考书。

图书在版编目（CIP）数据

模拟电子技术实验/于军主编．—北京：中国电力出版社，2011.8（2014.6 重印）

普通高等教育实验实训规划教材．电气信息类

ISBN 978-7-5123-1851-9

Ⅰ.①模… Ⅱ.①于… Ⅲ.①模拟电路－电子技术－实验－高等学校－教材 Ⅳ.①TN710-33

中国版本图书馆 CIP 数据核字（2011）第 125841 号

中国电力出版社出版、发行

（北京市东城区北京站西街 19 号　100005　http://www.cepp.sgcc.com.cn）

北京市同江印刷厂印刷

各地新华书店经售

*

2011 年 8 月第一版　　2014 年 6 月北京第二次印刷

787 毫米×1092 毫米　16 开本　8.25 印张　197 千字

定价 **14.00** 元

前 言

随着电子信息产业的飞速发展和我国高等教育大众化的深层次推进，电气、电子信息类专业学生工程实践能力的培养问题，已经越来越受到人们的重视。从 20 世纪 90 年代开始，各高校在实验与实践教学方面就做出了多方面的积极努力。

本书是模拟电子技术课程的实验教材。模拟电子技术课程是电气、电子信息类和部分非电类专业本科生的技术基础课，具有很强的实践性和鲜明的时代性。通过实验，学生能更好地掌握常用电子器件、模拟电路及其系统的知识和设计，为深入学习模拟电子技术以及在专业中的应用打好基础。为提高学生的动手能力和综合实践能力，培养学生创新意识特编写本书。

本书有模拟电子技术和 MultiSIM9.0 仿真技术方面的 25 个实验，包括有验证性实验、设计性实验、综合设计性实验和仿真实验四种类型。验证性和设计性实验有实验目的、实验原理、实验设备、实验内容、预习思考题和实验报告等内容，多数学生通过自学即可完成。综合设计性实验含有设计要求、设计思路和相关设备器件介绍，旨在培养学生的实践能力。仿真实验部分包括 MultiSIM9.0 仿真软件分析和仿真模拟电子电路等内容。MultiSIM9.0 仿真软件可以在计算机上虚拟电子实验室，不仅适合于实验仿真，也非常适合于模拟电子技术课程的辅助教学。同时还解决了目前各高校因经费不足、设备有限，很多实验难以进行的问题。该书内容涵盖广泛，设计了不同层次的实验，各院校可以根据自己的实际需要灵活安排教学内容。

本书由于军主编，吴兴波、付莉副主编。实验一～实验十六由于军编写，实验十七～实验二十一由吴兴波编写，实验二十二～二十五实验由付莉编写。全书由于军进行统稿和校稿，孙立辉、张慧颖、吴正玲等也参加了部分编写工作。本书的出版得到了吉林化工学院、浙江天煌科技实业有限公司的大力支持，在这里向所有为本书作过贡献的人们致谢。另外，在本书的编写过程中也参考了一些优秀的教材，在此一并表示衷心的感谢。

吉林化工学院翟玉文教授对书稿进行了详细认真地审阅，提出了很多非常宝贵的意见和建议。这些意见和建议对本书的顺利完成至关重要。在此，谨向翟玉文教授表示衷心的感谢。

限于水平，书中难免存在不妥之处，殷切希望读者提出宝贵意见。

编者
2011 年 5 月

目　　录

第一篇 模 拟 电 子 技 术 实 验

第一章 验 证 性 实 验

实验一 常用电子仪器的使用

一、实验目的

（1）掌握模拟电子电路实验中常用的电子仪器——示波器、函数信号发生器及交流毫伏表的主要技术指标、性能。

（2）掌握模拟电子电路实验中常用的电子仪器——示波器、函数信号发生器及交流毫伏表的正确使用方法。

（3）初步掌握用双踪示波器观察正弦信号波形和读取波形参数的方法。

二、实验原理

在模拟电子技术实验中，经常使用的电子仪器有双踪示波器、函数信号发生器、直流稳压电源、交流毫伏表及频率计等。它们和万用表一起，可以完成对模拟电子电路的静态和动态工作情况的测试。

实验中要对各种电子仪器进行综合使用，可按照信号流向，以连线简洁、调节顺手、观察与读数方便等原则进行合理布局，各仪器与被测实验装置之间的布局与连接如图1-1所示。接线时应注意，为防止外界干扰，各仪器的公共接地端应连接在一起，称为共地。函数信号发生器（信号源）和交流毫伏表的连接线通常使用屏蔽线或专用电缆线，示波器的连接线使用专用电缆线，直流稳压电源的连接线使用普通导线。

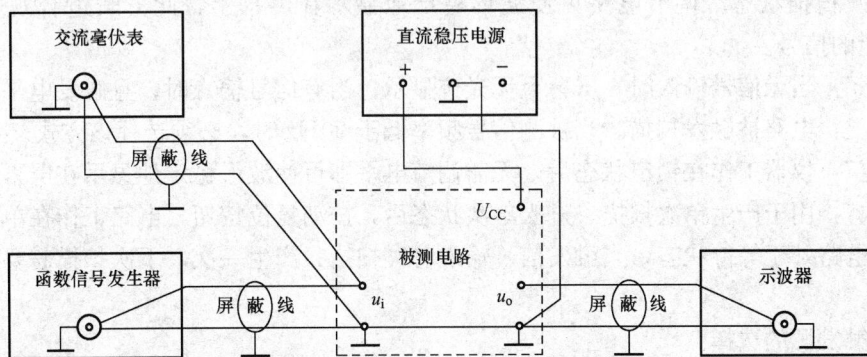

图1-1 模拟电子电路中常用电子仪器布局图

（一）双踪示波器（YB4328）

双踪示波器是一种用途很广泛的电子测量仪器，它既能直接显示电信号的波形，又能对电信号进行各种参数的测量。双踪示波器（YB4328）的控制面板如图1-2所示。

双踪示波器（YB4328）的原理和使用详见说明书，着重介绍下列几点。

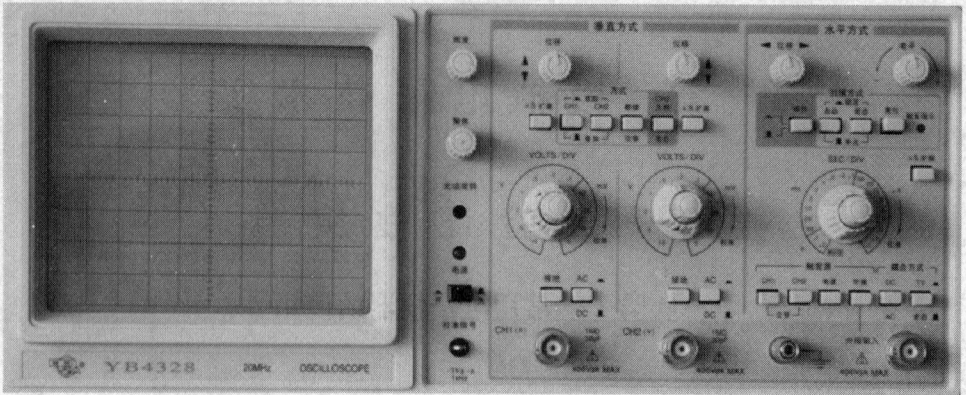

图1-2　双踪示波器（YB4328）的前面控制板

（1）寻找扫描光迹点。

开机预热后，若在显示屏上不出现光点和扫描基线，可按下列操作去寻找光点和扫描基线。

1）适当调节辉度旋钮，顺时针旋转光迹增亮。

2）扫描方式选择"自动"。选择"自动"扫描方式时，当无触发信号输入时，屏幕上显示扫描光迹，一旦由触发信号输入，电路自动转换为触发扫描状态，调节电平可使波形稳定的显示在屏幕上，此方式适合观察频率在50Hz以上的信号。

3）适当调节"垂直位移（↓↑）"、"水平位移（⇌）"旋钮，使光点和扫描基线位于屏幕中央。"垂直位移（↓↑）"旋钮用于调节光迹在垂直方向的位置；"水平位移（⇌）"旋钮用于调节光迹在水平方向的位置。

（2）扫描方式选择。

"自动"：当无触发信号输入时，屏幕上显示扫描光迹，一旦由触发信号输入，电路自动转换为触发扫描状态。调节电平可使波形稳定地显示在屏幕上，此方式适合观察频率在50Hz以上的信号。

"常态"：当无信号输入时，屏幕上无光迹显示；当有信号输入时，且触发电平旋钮在合适的位置上，电路被触发扫描。当被测信号频率低于50Hz时，必须选择该方式。

"锁定"：仪器工作在锁定状态后，无需调节电平即可使波形稳定地显示在屏幕上。

"单次"：用于产生单次扫描。进入单次状态后，按动复位按钮，电路工作在单次扫描方式，扫描电路处于等待状态，当触发信号输入时，扫描只产生一次，下次扫描需要再次按动复位按钮。

（3）触发源的选择。

"CH1"：在双踪显示时，触发信号来自CH1通道；单踪显示时，触发信号则来自被显示的通道。

"CH2"：在双踪显示时，触发信号来自CH2通道；单踪显示时，触发信号则来自被显示的通道。

"交替"：在双踪显示时，触发信号交替来自于两个Y通道，此方式用于同时观察两路不相关的信号。

"电源"：触发信号来自于市电。

"外接"：触发信号来自于触发输入端口。

（4）显示方式的选择。

"CH1"：只显示 CH1 通道的信号。

"CH2"：只显示 CH2 通道的信号。

"交替"：用于同时观察两路信号，此时两路信号交替显示，该方式适合于在扫描速率较快时使用。

"断续"：两路信号断续工作，适合于在扫描速率较慢时同时观察两路信号。

"叠加"：用于显示两路信号相加的结果，当 CH2 极性按钮被按下时，则两路信号相减。

"CH2 反相"：此按钮未被按下时，CH2 的信号为常态显示，此按钮被按下时，CH2 的信号被反相。

（5）输入耦合方式的选择。

"AC"：信号中的直流分量被隔开，用以观察信号的交流成分。

"DC"：信号与仪器通道直接耦合，当需要观察信号的直流分量或被测信号的频率较低时应选用此方式。

"GND"：输入端处于接地状态，用以确定输入端为零电位时光迹所在位置。

（6）灵敏度选择。

"灵敏度"旋钮用于选择垂直轴的偏转系数，从 5mV/div～10V/div（div，格）分 11 个挡级调整，可根据被测信号的电压幅度选择合适的挡级。

"灵敏度微调"旋钮用以连续调节垂直轴的偏转系数，调节范围≥2.5 倍。该旋钮顺时针旋足时为"校准"位置，此时可根据"灵敏度"旋钮度盘位置和屏幕显示幅度读取该信号的电压值。

适当调节"灵敏度"旋钮可使屏幕上显示 1～2 个周期的被测信号波形。在测量幅值时，应注意将"灵敏度微调"旋钮置于"校准"位置，即顺时针旋到底，且听到关的声音。同时还要注意"扩展"旋钮的位置。

根据被测波形在屏幕坐标刻度上垂直方向所占的格数（div）与"灵敏度"旋钮度盘指示值（V/div）的乘积，即可算出被测信号幅值的实测值。

（7）选择扫描速率。

"扫描速率"旋钮根据被测信号的频率高低，选择合适的挡级。当"扫描速率微调"置于"校准"位置时，可根据"扫描速率"旋钮度盘位置和波形在水平轴的距离读出被测信号的时间参数。

"扫描速率微调"旋钮用于连续调节扫描速率，调节范围≥2.5 倍，该旋钮顺时针旋足时为"校准"位置。

适当调节"扫描速率"旋钮可使屏幕上显示 1～2 个周期的被测信号波形。在测量周期时，应注意将"扫描速率微调"旋钮置于"校准"位置，即顺时针旋到底，且听到关的声音。同时还要注意"扩展"旋钮的位置。

根据被测信号波形一个周期在屏幕坐标刻度水平方向所占的格数（div）与"扫描速率"旋钮度盘（s/div）的乘积，即可算出被测信号周期的实测值。

（二）函数信号发生器/计数器（EE1641B1）

函数信号发生器/计数器（EE1641B1）按需要可以输出频率可调、幅度可调的正弦波、方波、三角波等三种信号波形。输出电压峰峰值最大可达 20V，通过输出衰减开关和输出幅度调节旋钮，可使输出电压在毫伏级到伏级范围内连续调节。函数信号发生器的输出信号频率可以通过频率分挡开关进行调节。

1. 功能介绍

函数信号发生器/计数器（EE1641B1）前面板示意图如图 1-3 所示，各部分功能如下。

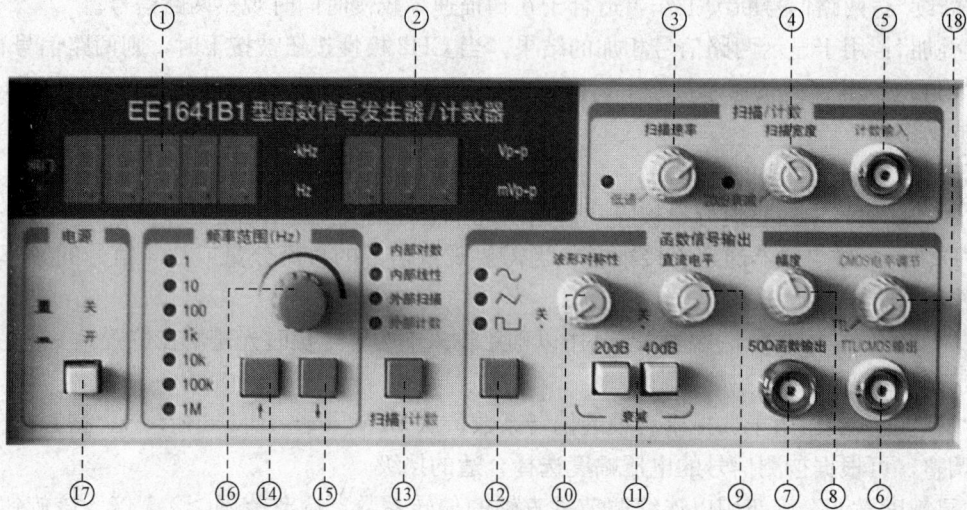

图 1-3　函数信号发生器/计数器（EE1641B1）前面板示意图
①—频率显示窗口；②—幅度显示窗口；③—扫描速率调节旋钮；④—宽度调节旋钮；⑤—外部输入插座；
⑥—TTL/CMOS 信号输出端；⑦—函数信号输出端；⑧—函数信号输出幅度调节旋钮；⑨—函数信号
输出直流电平预置调节旋钮；⑩—输出波形对称性调节旋钮；⑪—函数信号输出幅度衰减开关；
⑫—函数输出波形选择按钮；⑬—扫描/计数按钮；⑭—上频段选择按钮；
⑮—下频段选择按钮；⑯—频率调节旋钮；⑰—整机电源开关；
⑱—CMOS 电平调节旋钮

（1）频率显示窗口。该窗口显示输出信号的频率或外测频信号的频率。

（2）幅度显示窗口。该窗口显示函数输出信号的幅度。

（3）扫描速率调节旋钮。调节此旋钮可以改变内扫描的时间长短。在外测频时，逆时针旋到底（绿灯亮）为外输入测量信号经过低通开关进入测量系统。

（4）宽度调节旋钮。调节此旋钮可调节扫频输出的扫频范围。在外测频时，逆时针旋到底（绿灯亮），为外输入测量信号经过衰减"20dB"进入测量系统。

（5）外部输入插座。当"扫描/计数键⑬"功能选择在外扫描状态或外测频功能时，外扫描控制信号或外测频信号由此输入。

（6）TTL/CMOS 信号输出端。输出标准的 TTL 电平和峰峰值幅度为 3～15V 的 CMOS 电平，输出阻抗为 600Ω。

（7）函数信号输出端。该输出端输出多种波形受控的函数信号，输出峰峰值幅度为 20V（1MΩ 负载）、10V（50Ω 负载）。

(8) 函数信号输出幅度调节旋钮。该调节旋钮可实现的信号输出幅度调节范围为 20dB。

(9) 函数信号输出直流电平预置调节旋钮。该调节旋钮可实现输出信号直流电平的调节范围为：$-5\sim+5$V（50Ω 负载），当电位器处在中心位置时，则为 0 电平。

(10) 输出波形对称性调节旋钮。调节此旋钮可改变输出信号的对称性。当电位器处在中心位置或"OFF"位置时，则输出对称信号。

(11) 函数信号输出幅度衰减开关。该衰减开关分为"20dB"、"40dB"两个按键。"20dB"、"40dB"键均不按下，输出信号不经衰减，直接输出到插座口。"20dB"、"40dB"键分别按下，则可选择 20dB 或 40dB 衰减。

(12) 函数输出波形选择按钮。按动该按钮可分别选择正弦波、三角波、脉冲波输出。

(13) "扫描/计数"按钮。按动该按钮可选择多种扫描方式和外测频方式。

(14) 上频段选择按钮。每按一次此按钮，输出频率向上调整一个频段。

(15) 下频段选择按钮。每按一次此按钮，输出频率向下调整一个频段。

(16) 频率调节旋钮。调节此旋钮可改变输出频率的一个频值。

(17) 整机电源开关。此按键按下时，机内电源接通，整机工作。此键释放为关掉整机电源。

(18) CMOS 电平调节旋钮。当 CMOS 电平调节旋钮置于"关"位置时，信号输出端⑥输出标准 TTL 电平；当 CMOS 电平调节旋钮置于"开"位置时，CMOS 电平峰峰值调节范围为 $3\sim15$V。

2. 函数信号输出

(1) 50Ω 主函数信号输出。50Ω 主函数信号输出可按下列步骤进行：

1) 以终端连接 50Ω 匹配器的测试电缆，由前面板插座⑦输出函数信号；

2) 由频率选择按钮⑭、⑮选定输出函数信号的频段，由频率调节旋钮⑯调整输出信号频率，直到所需的工作频率值；

3) 由波形选择按钮⑫选定输出函数的波形分别获得正弦波、三角波、脉冲波；

4) 由信号幅度选择器⑪和⑧选定和调节输出信号的幅度；

5) 由信号电平设定器⑨选定输出信号所携带的直流电平；

6) 输出波形对称调节器⑩可改变输出脉冲信号空度比，与此类似，输出波形为三角波或正弦时可使三角波调变为锯齿波，正弦波调变为正与负半周分别为不同角频率的正弦波形，且相位可相差 180°。

(2) TTL/CMOS 信号输出。TTL/CMOS 信号输出端输出信号电平（TTL 标准电平，CMOS 电平峰峰值为 $3\sim15$V），其重复频率、调控操作均与 50Ω 函数输出信号一致。以测试电缆（终端不加 50Ω 匹配器）由输出插座⑥输出 TTL/CMOS 脉冲信号，CMOS 电平调节旋钮⑱调节 CMOS 电平输出幅度。

(3) 内扫描/扫频信号输出。

1) "扫描/计数"按钮⑬选定为内扫描方式；

2) 分别调节扫描速率调节器③和扫描宽度调节器④获得所需的扫描信号输出；

3) 函数输出插座⑦、TTL/CMOS 输出插座⑥均输出相应的内扫描的扫频信号。

(4) 外扫描/扫频信号输出。

1) "扫描/计数"按钮⑬选定为"外扫描方式"；

2）由外部输入插座⑤输入相应的控制信号，即可得到相应的受控扫描信号。

3．外测频功能检查

（1）"扫描/计数"按钮⑬选定为"外计数方式"；

（2）用本机提供的测试电缆，将函数信号引入外部输入插座⑤，观察显示频率应与"内"测量时相同。

4．使用时注意事项

（1）本仪器采用大规模集成电路，修理时禁用二芯电源线的电烙铁；校准测试时，测量仪器或其他设备的外壳应接地良好，以免意外损坏。

（2）在更换熔丝时严禁带电操作，必须将电源线与交流市电电源切断，以保证人身安全。

（3）维护修理时，一般先排除直观故障，如断线、碰线、器件倒伏、接插件脱落等可视损坏故障。然后根据故障现象按工作原理初步分析出故障电路的范围，再以必要的手段来对故障电路进行静态、动态检查，查出确切故障后按实际情况处理，使仪器恢复正常运行。

（4）函数信号发生器作为信号源时，它的输出端不允许短路。

（三）数字交流毫伏表（TH1911）

数字式交流毫伏表（TH1911）主要用于测量频率范围为 $10Hz \sim 2MHz$，电压为 $100\mu V \sim 400V$ 的正弦波有效值电压；只能在其工作频率范围之内测量正弦交流电压的有效值。为了防止因过载而损坏，测量前一般先把量程开关置于量程较大位置上，然后在测量中逐挡减小量程。数字式交流毫伏表（TH1911）的前面板如图 1-4 所示。

数字式交流毫伏表的使用方法为：

（1）接入电源；

（2）把量程选择旋钮置于 400V 量程；

（3）当电源开关打到"ON"上时，数字表大约有 5s 不规则的数字跳动，这是开机的正常现象，不表明它是故障；

（4）大约 5s 后仪器稳定，输入短路有大约 15 个字以下的噪声，这不影响测试精确，可以开始使用。

图 1-4　TH1911 型数字式交流毫伏表前面板示意图
①—数字显示窗口；②—量程选择旋钮；
③—输入端；④—电源开关

三、实验设备

模拟电子实验常用的实验设备见表 1-1。

表 1-1　　　常用实验设备及型号

序号	名　称	型　号	数量
1	双踪示波器	YB4328	1
2	函数信号发生器/计数器	EE1641D	1
3	数字式交流毫伏表	TH1911	1
4	双路直流稳压电源		1

四、实验内容

1．测量示波器校准信号

用机内校正信号（频率为 1kHz，电压幅度为 0.5V 的方波）对示波器进行自检。

（1）扫描基线调节。

将示波器的显示方式中的"CH1"显示开关按下，输入耦合方式开关置"GND"，触发方式开关置于"自动"。开启电源开关后，调节"辉度"、"聚焦"、"光迹旋转"等旋钮，使荧光屏上显示一条细而且亮度适中的扫描基线。然后调节"水平位移（⇌）"和"垂直位移（↑↓）"旋钮，使扫描线位于屏幕中央，并且能上下、左右移动。

（2）测试校正信号波形的幅度、频率。

将示波器的校正信号（频率为 1kHz，电压幅度为 0.5V 的方波）通过专用电缆线接入选定的 CH1 通道，将输入耦合方式开关置于"AC"或"DC"，触发源选择开关置于"CH1"。调节水平轴"扫描速率"开关（s/div）和垂直轴"灵敏度"开关（V/div），使示波器显示屏上显示出一个或数个周期稳定的方波波形。

1）校准校正信号幅度。将"灵敏度微调"旋钮置于"校准"位置，"灵敏度"旋钮置于适当位置，读取校正信号幅度，记入表 1-2 中。

表 1-2 校正信号的测量数据

参 数	标 准 值	实 测 值
幅度 U_{PP}（V）		
频率 f（kHz）		

注 不同型号示波器标准值有所不同，请按所使用示波器将标准值填入表格中。

2）校准校正信号频率。将"扫描速率微调"旋钮置于"校准"位置，"扫描速率"旋钮置于适当位置，读取校正信号周期，记入表 1-2 中。

3）测量校正信号的上升时间和下降时间。调节"灵敏度"旋钮及"灵敏度微调"旋钮，并移动波形，使方波波形在垂直方向上正好占据中心轴上，且上下对称，便于阅读。通过"扫描速率"旋钮逐级提高扫描速度，使波形在水平轴方向扩展（必要时可以利用"扫描速率扩展"开关将波形再扩展 10 倍），并同时调节"触发电平"旋钮，从显示屏上清楚地读出上升时间和下降时间，记入表 1-2 中。

2. 用示波器和交流毫伏表测量信号参数

调节函数信号发生器有关旋钮，使其输出频率分别为 100Hz、1kHz、10kHz，有效值均为 1V（交流毫伏表测量值）的正弦波信号。

改变示波器"扫描速率"旋钮及"灵敏度"旋钮等位置，测量信号源输出电压的周期、频率、最大值、峰峰值，将所测得的数据填入表 1-3 中。

表 1-3 正弦波信号的测量数据

信号电压频率	示 波 器 测 量 值			
	周期（ms）	频率（Hz）	最大值（V）	峰峰值（V）
100Hz				
1kHz				
10kHz				

3. 用示波器测量两波形间相位差

（1）观察双踪显示"交替"与"断续"的特点。

CH1、CH2 均不加输入信号，输入耦合方式置于"GND"，扫描速率旋钮置于扫描速率较低挡位（如 0.1s/div 挡）和扫描速率较高挡位（如 10μs/div 挡），把显示方式开关分别置于"交替"和"断续"位置，观察两条扫描基线的显示特点，并记录该现象。

（2）用双踪显示测量两波形间相位差。

1）按图 1-5 连接实验电路，将函数信号发生器的输出电压调至频率为 1kHz、有效值为 1V 的正弦波，经 RC 移相网络获得频率相同但相位不同的两路信号 u_i 和 u_R，分别加到双踪示波器的 CH1 和 CH2 的输入端。

2）把显示方式开关置于"交替"挡位，将 CH1 和 CH2 输入耦合方式开关置于"GND"挡位，调节 CH1、CH2 的"垂直移位（↓↑）"旋钮，使两条扫描基线重合。

3）将 CH1、CH2 输入耦合方式开关置"AC"挡位，调节触发电平旋钮、扫描速率旋钮及 CH1、CH2"灵敏度"旋钮的位置，使在屏幕上显示出易于观察的两个相位不同的正弦波形 u_i 及 u_R，如图 1-6 所示，由图 1-6 读出两波形在水平方向差距的格数 m 和正弦波信号周期的格数 n，则可求得两波形相位差 φ 为

$$\varphi = \frac{m}{n} \times 360°$$

例如，图 1-6 所示两波形在水平方向差距的格数为 4，正弦波信号周期的格数为 16，则两波形相位差 φ 为

$$\varphi = \frac{4}{16} \times 360° = 90°$$

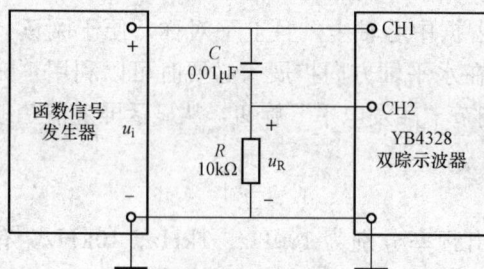

图 1-5 两波形间相位差测量电路

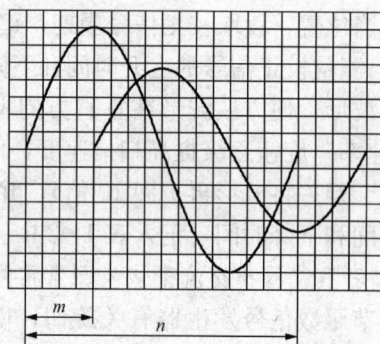

图 1-6 测量相位波形图

记录两波形相位差 φ 于表 1-4 中，为了读数和计算方便，可适当调节扫描速率旋钮及微调旋钮，使波形一周期占整数格。

表 1-4 两波形间相位差的测量数据

一个周期格数	两波形水平轴差距格数	相 位 差	
		实测值（°）	计算值（°）
$X_T =$	$X =$	$\varphi =$	$\varphi =$

五、注意事项

（1）使用仪器设备前，必须先仔细阅读仪器的使用说明书，严格遵守操作规程；

（2）拨动面板各旋钮时，用力要适当，不可过猛，以免造成仪器设备的机械损坏；

（3）改变电路接线前，应该先关闭电源开关。

六、预习思考题

（1）如何操纵示波器有关旋钮，以便从示波器显示屏上观察到稳定、清晰的波形？

（2）用双踪显示波形，并要求比较相位时，为在显示屏上得到稳定波形，应怎样选择下列开关的位置？

①显示方式选择（CH1、CH2、叠加、交替、断续）；②触发方式（常态、自动）；③触发源选择（CH1、CH2、交替、电源）。

（3）已知 $C=0.01\mu F$、$R=10k\Omega$，计算图 1-2 中 RC 移相网络的阻抗角 φ。

（4）函数信号发生器有哪几种输出波形？它的输出端能否短接？如用屏蔽线作为输出引线，则屏蔽层一端应该接在哪个接线柱上？

（5）交流毫伏表是用来测量正弦波电压还是非正弦波电压？它的表头指示值是被测信号的什么数值？它是否可以用来测量直流电压的大小？

七、实验报告

（1）整理实验数据，并进行分析。

（2）总结仪器的使用方法。

（3）本次实验的心得体会。

实验二　二极管的应用

一、实验目的

（1）掌握二极管的单向导电性。

（2）掌握二极管的基本特性及其应用。

（3）掌握特殊二极管的应用。

二、实验原理

1. 普通二极管

二极管的基本特性是单向导电性。当二极管外加正向电压时处于导通状态；当二极管外加反向电压时处于截止状态。利用二极管的单向导电性，二极管可以有多种用途，如整流、限幅（削波）、检波等。

2. 特殊二极管

（1）发光二极管。发光二极管是半导体二极管的一种，可以把电能转化成光能，常简写为 LED。发光二极管包括可见光、不可见光、激光等不同类型，在本实验中只对可见光二极管作一简单介绍。发光二极管与普通二极管一样是由一个 PN 结组成，也具有单向导电性。只有当外加的正向电压使得正向电流足够大时才发光，它的开启电压比普通二极管的大，红色 LED 的开启电压在 1.6~1.8V 之间，绿色 LED 的开启电压约为 2.0V。正向电流愈大，发光越强。发光二极管的发光颜色取决于所用材料，常用的是发红光、绿光或黄光的二极管，可以制成各种形状，如长方形、圆形等。

使用发光二极管时，必须串联限流电阻，工作电流在 20mA 左右。因此，根据发光二极管的电压和电流以及电源电压参数可以计算限流电阻的大小，电路如图 1-7 所示，限流电

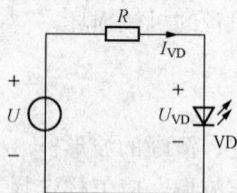

图 1-7　发光二极管
实验电路

阻 R 的计算公式为

$$R = \frac{U - U_{VD}}{I_{VD}}$$

式中：U 为电压源电压；U_{VD} 为发光二极管的正向压降；I_{VD} 为发光二极管的一般工作电流。

　　（2）稳压二极管。稳压二极管是利用二极管的反向击穿特性来实现稳压的。在反向击穿区的一定范围内，即使流过管子的电流变化很大，管子两端的电压也会基本保持不变。

三、实验设备

二极管的应用所需实验设备及型号见表 1-5。

表 1-5　　　　　　　　　　　实验设备及型号

序号	名　称	型　号	数量	序号	名　称	型　号	数量
1	双踪示波器		1	6	电阻	10kΩ，100Ω	2
2	函数信号发生器		1	7	电容	1μF	1
3	直流数字电压表		1	8	发光二极管		1
4	交流数字电压表		1	9	稳压二极管		1
5	二极管	1N4007	4				

四、实验内容

1. 半波整流

实验电路如图 1-8 所示，$R=10\text{k}\Omega$，使函数信号发生器输出电压 u_i 为 $U_i=5\text{V}$，$f=200\text{Hz}$ 的正弦交流信号，测量输出电压 u_o 为相应的 U_o，并用示波器观察 u_o 和 u_i 的对应关系，将测量数据与波形记入表 1-6 中。

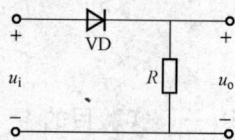

图 1-8　半波整流电路

表 1-6　　　　　　　　　　半波整流实验数据及波形

U_i(V)	U_o(V)	输入电压 u_i 波形	输出电压 u_o 波形

2. 桥式整流

桥式整流实验电路如图 1-9 所示，$R=10\text{k}\Omega$。使函数信号发生器输出电压 u_i 为 $U_i=5\text{V}$，$f=200\text{Hz}$ 的正弦交流信号，测量输出电压 u_o 为相应的 U_o，并用示波器观察 u_o 和 u_i 的对应关系，将测量数据与波形记入表 1-7 中。

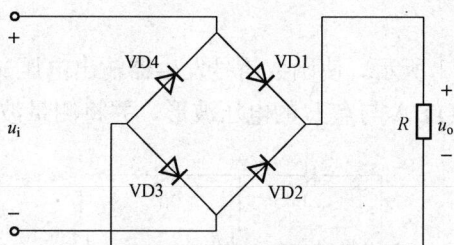

图 1 - 9　全波整流电路

表 1 - 7　　　　　　　　　　　　　　桥式整流实验数据及波形

U_i(V)	U_o(V)	输入电压 u_i 波形	输出电压 u_o 波形

3. 限幅

限幅实验电路如图 1 - 10 所示，$R = 10\text{k}\Omega$。使函数信号发生器输出电压 u_i 为 $U_i = 5\text{V}$，$f = 200\text{Hz}$ 的正弦交流信号，用示波器观察 u_o 和 u_i 的波形，并将测量波形记入表 1 - 8 中。

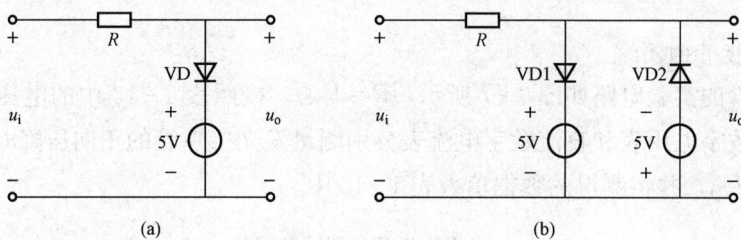

图 1 - 10　限幅电路

表 1 - 8　　　　　　　　　　　　　　限幅实验数据及波形

输入电压 u_i 波形	输出电压 u_o 波形

4. 检波

检波实验电路如图 1-11 所示。使函数信号发生器输出电压 u_i 为 $U_i=5\text{V}$，$f=200\text{Hz}$ 的方波信号，并用示波器观察点 A 与点 B 的电压波形，并将测量波形记入表 1-9 中。

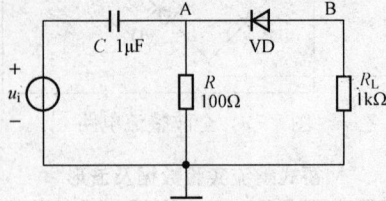

图 1-11　检波电路

表 1-9　　　　　　　　　　　　　　　**检波实验数据及波形**

点 A 的波形	点 B 的波形

5. 发光二极管的测试

发光二极管的实验电路如图 1-7 所示，$R=1\text{k}\Omega$。按照表 1-10 中的电压源电压数据要求，使用直流数字电压表和直流数字电流表分别测量发光二极管的正向压降 U_{VD} 和发光二极管的工作电流 I_{VD}，并将测得的数据填入表 1-10 中。

表 1-10　　　　　　　　　　　　　　　**发光二极管的测试数据**

电压源电压 U（V）	发光二极管的正向压降 U_{VD}	发光二极管的工作电流 I_{VD}	亮度变化情况
2			
3			
4			
5			

6. 稳压二极管

稳压二极管实验电路如图 1-12 所示，$R=200\Omega$，$R_L=1\text{k}\Omega$，稳压二极管 VS 的稳定电压为 6V。按照表 1-11 中的要求，使用直流数字电压表和直流数字电流表分别测量输出电压 u_o 和流过电阻 R 的电流 I_R，并将测得的数据填入表 1-11 中。

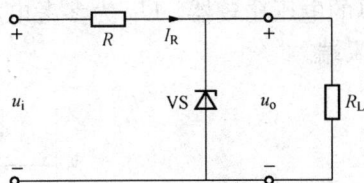

图 1 - 12 稳压电路

表 1 - 11　　　　　　　　　　稳压二极管的测试数据

输入电压 u_i (V)	不接负载电阻 R_L		接负载电阻 R_L	
	电阻 R 的电流 I_R	输出电压 u_o	电阻 R 的电流 I_R	输出电压 u_o
5				
6				
7				
8				
9				

五、注意事项

(1) 实验前，必须熟悉普通二极管、发光二极管和稳压二极管的参数。

(2) 使用仪表设备前，必须先仔细阅读仪表的操作。

六、预习思考题

(1) 分析图 1 - 8、图 1 - 9 所示整流电路输出的波形？

(2) 分析图 1 - 10 限幅电路输出的波形？

(3) 分析图 1 - 11 检波电路点 A 与点 B 的波形？

(4) 计算图 1 - 7 所示电路流过发光二极管的工作电流？

(5) 计算图 1 - 12 所示电路流过电阻 R 的电流？

七、实验报告

(1) 整理实验数据，并进行分析。

(2) 实验得出的结论。

(3) 认真完成实验报告。

实验三　电压比较器的测试

一、实验目的

(1) 掌握电压比较器的电路构成及特点。

(2) 学会测试比较器的方法。

二、实验原理

电压比较器是集成运算放大器非线性应用电路，它将一个模拟量电压信号和一个参考电压相比较，在二者幅度相等的附近，输出电压将产生跃变，相应输出高电平或低电平。比较器可以组成非正弦波形变换电路并应用于模拟与数字信号转换等领域。

如图 1-13 所示为一最简单的电压比较器，U_R 为参考电压，加在运算放大器的同相输入端，输入电压 u_i 加在反相输入端。

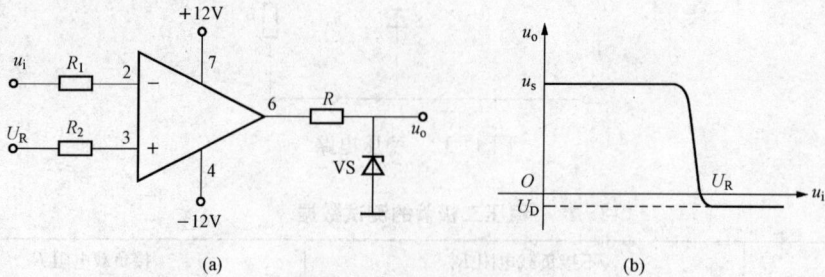

图 1-13　电压比较器

(a) 电路图；(b) 传输特性

当 $u_i < U_R$ 时，运算放大器输出高电平，稳压管 VS 反向稳压工作。输出端电位被其箝位在稳压管的稳定电压 U_s，即 $u_o = U_s$。

当 $u_i > U_R$ 时，运算放大器输出低电平，稳压管 VS 正向导通，输出电压等于稳压管的正向压降 U_d，即 $u_o = -U_d$。

因此，以 U_R 为界，当输入电压 u_i 变化时，输出端反映出两种状态即高电位和低电位。表示输出电压与输入电压之间关系的特性曲线，称为传输特性，图 1-13 (b) 为图 1-13 (a) 比较器的传输特性。

常用的电压比较器有过零比较器、具有滞回特性的过零比较器、双限比较器（又称窗口比较器）等。

1. 过零比较器

如图 1-14 (a) 所示电路为加限幅电路的过零比较器，VS 为限幅稳压管。信号从运算放大器的反相输入端输入，参考电压为零，从同相端输入。当 $U_i > 0$ 时，输出 $U_o = -(U_s + U_d)$；当 $U_i < 0$ 时，$U_o = +(U_s + U_d)$。其电压传输特性如图 1-14 (b) 所示。

过零比较器结构简单，灵敏度高，但抗干扰能力差。

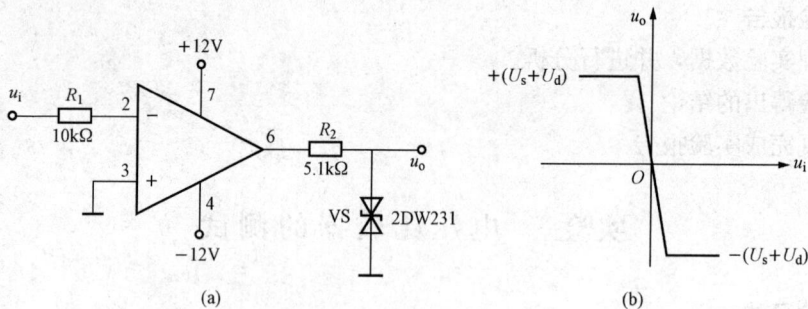

图 1-14　过零比较器

(a) 过零比较器；(b) 电压传输特性

2. 滞回比较器

图 1-15 (a) 为具有滞回特性的过零比较器。

过零比较器在实际工作时，如果 u_i 恰好在过零值附近，则由于零点漂移的存在，u_o 将不断由一个极限值转换到另一个极限值，这在控制系统中，对执行机构将是很不利的。为此，就需要输出特性具有滞回现象。如图 1-15（a）所示，从输出端引一个电阻分压正反馈支路到同相输入端，若 u_o 改变状态，u_P 点也随着改变电位，使过零点离开原来位置。当 u_o 为正（记作 U_{o+}）时，$u_P = \dfrac{R_2}{R_{br}+R_2}U_{o+}$，则当 $u_i > u_P$ 后，u_o 即由正变负（记作 U_{o-}），此时 u_P 变为 $-u_P$。故只有当 u_i 下降到 $-u_P$ 以下，才能使 u_o 再度回升到 U_{o+}，于是出现图 1-15（b）中所示的滞回特性。$-u_P$ 与 u_P 的差别称为回差。改变 R_2 的数值可以改变回差的大小。

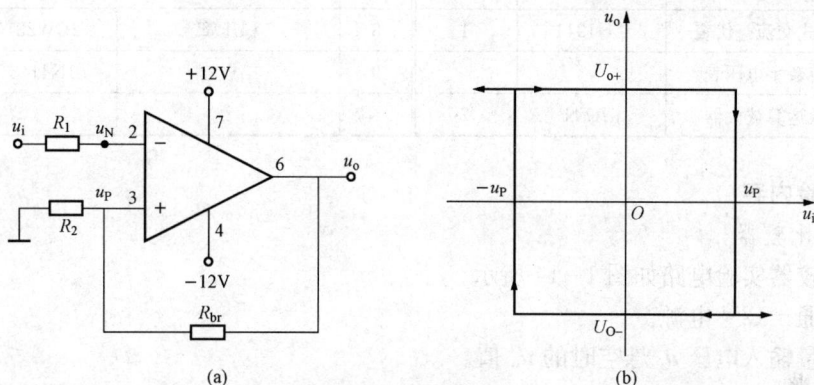

图 1-15 滞回比较器
(a) 电路图；(b) 传输特性

3. 窗口（双限）比较器

简单的比较器仅能鉴别输入电压 u_i 比参考电压 U_R 高或低的情况，窗口比较电路是由两个简单比较器组成，电路如图 1-16（a）所示，它能指示出 u_i 值是否处于 U_R^+ 和 U_R^- 之间。如 $U_R^- < u_i < U_R^+$，窗口比较器的输出电压 U_o 等于运算放大器的正饱和输出电压（$+U_{omax}$），如果 $u_i < U_R^-$ 或 $u_i > U_R^+$，则输出电压 U_o 等于运算放大器的负饱和输出电压（$-U_{omax}$），其电压传输特性如图 1-16（b）所示。

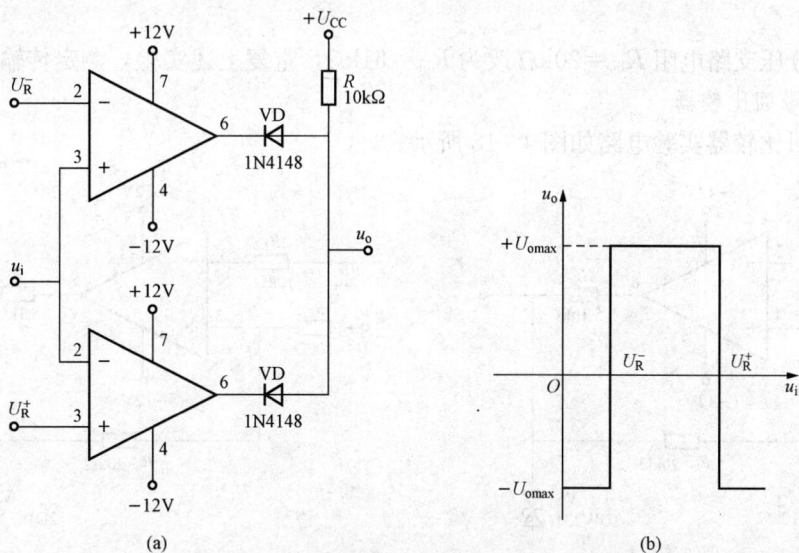

图 1-16 由两个简单比较器组成的窗口比较器
(a) 电路图；(b) 传输特性

三、实验设备与器件

电压比较器的测试实验所需实验设备与器件见表 1-12。

表 1-12   **电压比较器的测试实验所需实验设备与器件**

序号	名　称	型号与规格	数量	序号	名　称	型号与规格	数量
1	±12V 直流电源		1	6	电阻器、电容器		若干
2	函数信号发生器	EE1641B	1	7	示波器	YB4328	1
3	数字式交流毫伏表	TH1911	1	8	稳压管	2DW231	1
4	直流数字电压表		1	9	二极管	1N4148	2
5	集成运算放大器	μA741	2				

四、实验内容

1. 过零比较器

过零比较器实验电路如图 1-14 所示。

(1) 接通 ±12V 电源。

(2) 测量输入电压 u_i 悬空时的 u_o 值。

(3) 输入电压 u_i 是频率为 200Hz、有效值为 2V 的正弦交流信号，测量输入信号 u_i 的临界值 U_c。观察并记录 $u_i \rightarrow u_o$ 波形。

(4) 改变输入电压 u_i 的幅值，测量传输特性曲线。

2. 反相滞回比较器

反相滞回比较器实验电路如图 1-17 所示。

(1) 输入电压 u_i 接 $-5 \sim +5V$ 可调直流电源，测量 u_o 由 $+U_{omax} \rightarrow -U_{omax}$ 时输入电压 u_i 的临界值 u_c。

(2) 同上，测量 u_o 由 $-U_{omax} \rightarrow +U_{omax}$ 时输入信号 u_i 的临界值 $-u_c$。

(3) 输入信号 u_i 是频率为 200Hz、有效值为 2V 的正弦交流信号，观察并记录 $u_i \rightarrow u_o$ 波形。

(4) 将分压支路电阻 $R_{br} = 20k\Omega$ 改为 $R_{br} = 51k\Omega$，重复上述实验，测定传输特性。

3. 同相滞回比较器

同相滞回比较器实验电路如图 1-18 所示。

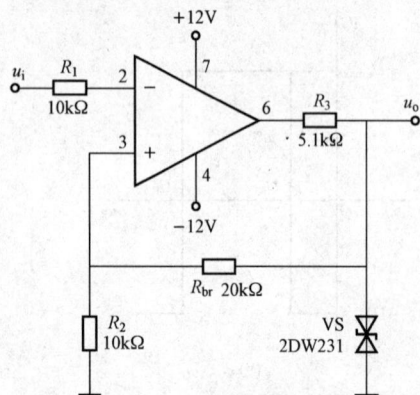

图 1-17 反相滞回比较器   图 1-18 同相滞回比较器

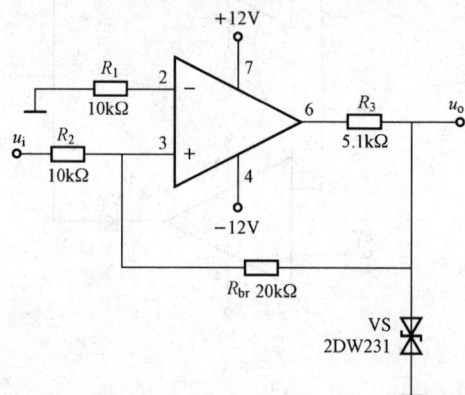

(1) 输入电压 u_i 接 $-5\sim+5\mathrm{V}$ 可调直流电源，测量 u_o 由 $+U_{omax}\to-U_{omax}$ 时输入信号 u_i 的临界值 u_c。

(2) 同上，测量 u_o 由 $-U_{omax}\to+U_{omax}$ 时输入信号 u_i 的临界值 $-u_c$。

(3) 输入信号 u_i 是频率为 200Hz、有效值为 2V 的正弦交流信号，观察并记录 $u_i\to u_o$ 波形。

(4) 将分压支路电阻 $R_{br}=20\mathrm{k}\Omega$ 改为 $R_{br}=51\mathrm{k}\Omega$，重复上述实验，测定传输特性。

(5) 将测量的结果与反相滞回比较器的结果进行比较，看看有何不同。

4. 窗口比较器

窗口比较器实验电路如图 1-16 所示。

(1) 接通 $\pm12\mathrm{V}$ 电源，设定 U_R^- 和 U_R^+ 的电压值。

(2) 输入电压 u_i 接 $-5\sim+5\mathrm{V}$ 可调直流电源，测量输出电压 U_o 的电压传输特性。

(3) 输入电压 u_i 是频率为 200Hz、有效值为 2V 的正弦交流信号，测量输出电压 U_o 的电压传输特性。

(4) 输入电压 u_i 是频率为 200Hz、有效值为 3V 的正弦交流信号，测量输出电压 U_o 的电压传输特性。

五、注意事项

(1) 实验前，必须熟悉集成运算放大器 μA741 的参数。

(2) 使用仪表设备前，必须先仔细阅读仪表的操作。

(3) $\pm12\mathrm{V}$ 电源的连接，接入电路时，不要将极性接反。

(4) 注意稳压二极管的连接。

六、预习要求

(1) 复习教材有关比较器的内容。

(2) 画出各类比较器的传输特性曲线。

(3) 若要将图 1-16 窗口比较器的电压传输曲线高、低电平对调，应如何改动比较器电路？

七、实验总结

(1) 整理实验数据，绘制各类比较器的传输特性曲线。

(2) 总结几种比较器的特点，阐明它们的应用。

实验四 有源滤波器的测试（一）

一、实验目的

(1) 熟悉用运算放大器、电阻和电容组成有源低通滤波器的原理和方法。

(2) 学会测量有源滤波器的幅频特性。

二、实验原理

由 RC 元件与运算放大器组成的滤波器称为 RC 有源滤波器，其功能是让一定频率范围内的信号通过，抑制或急剧衰减此频率范围以外的信号。可用在信息处理、数据传输、抑制干扰等方面，但因受运算放大器频带限制，这类滤波器主要用于低频范围。根据对频率范围的选择不同，可分为低通滤波器（LPF）、高通滤波器（HPF）、带通滤波器（BPF）与带阻滤波器（BEF）等四种滤波器，它们的幅频特性如图 1-19 所示。

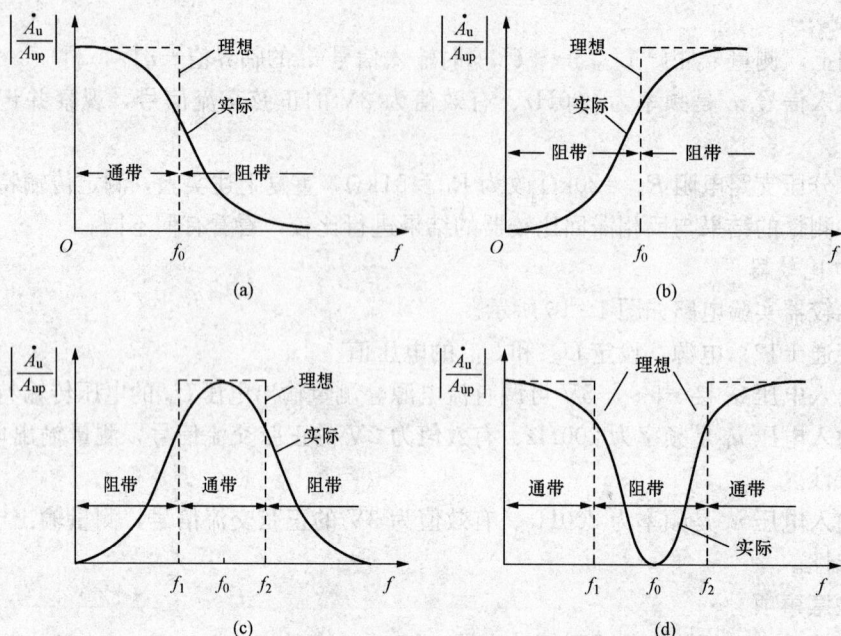

图 1-19　四种滤波电路的幅频特性示意图
（a）低通；（b）高通；（c）带通；（d）带阻

具有理想幅频特性的滤波器是很难实现的，只能用实际的幅频特性去逼近理想的。一般来说，滤波器的幅频特性越好，其相频特性越差，反之亦然。滤波器的阶数越高，幅频特性衰减的速率越快，但 RC 网络的节数越多，元件参数计算越繁琐，电路调试越困难。任何高阶滤波器均可以用较低的二阶 RC 有滤波器级联实现。在本实验中只介绍低通滤波器的原理和实现方法。

低通滤波器是用来通过低频信号衰减或抑制高频信号。

如图 1-20（a）所示，为典型的二阶有源低通滤波器电路图。它由两级 RC 滤波环节与同相比例运算电路组成，其中第一级电容 C 接至输出端，引入适量的正反馈，以改善幅频特性。

图 1-21（b）为二阶低通滤波器幅频特性曲线。

低通滤波器电路性能参数如下。

（1）二阶低通滤波器的通带增益为

$$A_{up} = 1 + \frac{R_f}{R_1}$$

（2）截止频率 f_0，它是二阶低通滤波器通带与阻带的界限频率，有

$$f_0 = \frac{1}{2\pi RC}$$

（3）品质因数 Q，它的大小影响低通滤波器在截止频率处幅频特性的形状，其式为

$$Q = \frac{1}{3 - A_{up}}$$

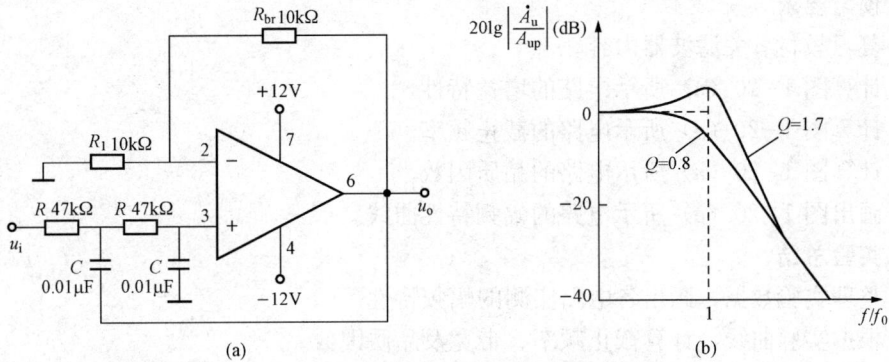

图 1-20 二阶低通滤波器

(a) 电路图；(b) 幅频特性

三、实验设备与器件

有源滤波器的测试实验所需实验设备与器件见表 1-13。

表 1-13　　　　　　　　有源滤波器的测试实验所需实验设备与器件

序号	名　称	型号与规格	数量	序号	名　称	型号与规格	数量
1	±12V 直流电源		1	5	集成运算放大器	μA741	1
2	函数信号发生器	EE1641B	1	6	电阻器、电容器		若干
3	数字式交流毫伏表	TH1911	1	7	示波器	YB4328	1
4	直流数字电压表		1				

四、实验内容

实验电路如图 1-20（a）所示，实验步骤如下。

（1）接通 ±12V 电源。

（2）输入信号 u_i 接函数信号发生器，令其输出为有效值为 $U_i = 1V$ 的正弦波信号。

（3）在滤波器截止频率附近改变输入信号频率，用示波器或交流毫伏表观察输出电压幅度的变化是否具备低通特性，如不具备，应排除电路故障。

（4）在输出波形不失真的条件下，选取适当幅度的正弦输入信号，在维持输入信号幅度不变的情况下，逐点改变输入信号频率。测量输出电压，记入表 1-14 中，描绘频率特性曲线。

表 1-14　　　　　　　　低通滤波器的测量数据

f(Hz)	1	10	100	500	1k	1.5k	10k	100k
U_o(V)								

五、注意事项

（1）实验前，必须熟悉集成运算放大器 μA741 的参数。

（2）使用仪表设备前，必须仔细阅读仪表的操作。

（3）±12V 电源接入电路时，不要将极性接反。

六、预习要求

(1) 复习教材有关滤波器内容。

(2) 计算图 1-20 (a) 所示电路的增益特性。

(3) 计算图 1-20 (a) 所示电路的截止频率。

(4) 计算图 1-20 (a) 所示电路的品质因数。

(5) 画出图 1-20 (a) 所示电路的幅频特性曲线。

七、实验总结

(1) 整理实验数据，画出各电路实测的幅频特性。

(2) 根据实验曲线，计算截止频率、带宽及品质因数。

(3) 总结有源滤波电路的特性。

实验五　集成功率放大器的测试

一、实验目的

(1) 了解功率放大集成块的应用。

(2) 学习集成功率放大器基本技术指标的测试。

二、实验原理

集成功率放大器由集成功率放大器模块和一些外部阻容元件构成。它具有线路简单、性能优越、工作可靠、调试方便等优点，在音频领域中应用十分广泛。

集成功率放大器电路中最主要的组件为集成功率放大器模块，它的内部电路与一般分立元件功率放大器不同，通常包括前置级、推动级和功率级等几部分。此外，有些还具有一些特殊功能（消除噪声、短路保护等）的电路，其电压增益较高（不加负反馈时，电压增益达 $70 \sim 80\text{dB}$，加典型负反馈时电压增益在 40dB 以上）。

LM386 是一种集成音频功率放大器芯片，具有自身功耗低、电压增益可调整、电源电压范围大、外接元件少和总谐波失真小等优点，广泛应用于录音机和收音机之中。

1. LM386 内部电路

LM386 内部电路原理图如图 1-21 所示。与通用型集成运算放大器相类似，它是一个三级放大电路，即由输入级、中间级和输出级三部分放大电路组成。

输入级为差分放大电路，VT1 和 VT3、VT2 和 VT4 分别构成复合管，作为差分放大电路的放大管；VT5 和 VT6 组成镜像电流源作为 VT1 和 VT2 的有源负载；VT3 和 VT4 信号从管的基极输入，从 VT2 管的集电极输出，为双端输入单端输出差分电路。使用镜像电流源作为差分放大电路有源负载，可使单端输出电路的增益近似等于双端输出电路的增益。

中间级为共射放大电路，VT7 为放大管，恒流源作有源负载，以增大放大倍数。

输出级中的 VT8 和 VT9 复合成 PNP 型管，与 NPN 型管 VT10 构成准互补输出级。二极管 VD1 和 VD2 为输出级提供合适的偏置电压，可以消除交越失真。

引脚 2 为反相输入端，引脚 3 为同相输入端。电路由单电源供电，故为 OTL 电路。输出端（引脚 5）应外接输出电容后再接负载。电阻 R_7 从输出端连接到 VT2 的发射极，形成反馈通路，并与 R_5 和 R_6 构成反馈网络，从而引入了深度电压串联负反馈，使整个电路具

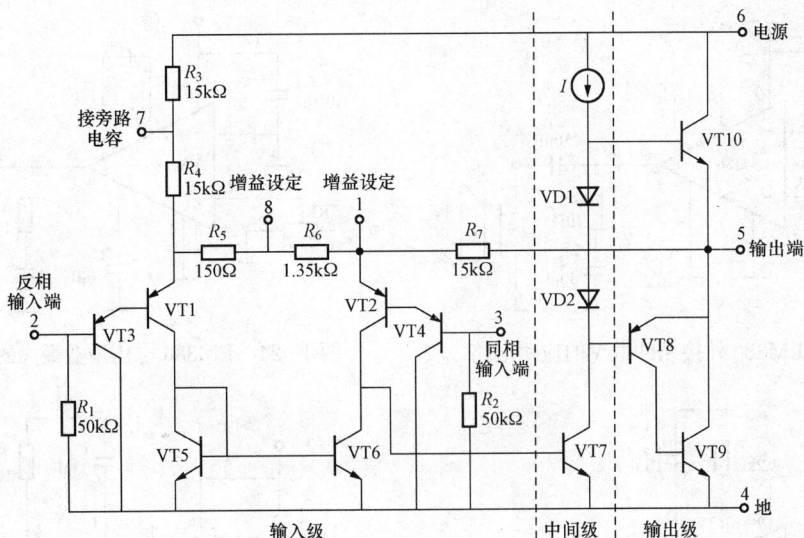

图 1-21 LM386 内部电路原理图

有稳定的电压增益。

应当指出：在引脚 1 和 8（或者 1 和 5）外接电阻时，应只改变交流通路，所以必须在外接电阻回路中串联一个大容量电容，如图 1-21 所示。外接不同阻值的电阻时，电压放大倍数的调节范围为 20～200，即电压增益的调节范围为 26～46dB。

2. LM386 的引脚图

LM386 的外形和引脚的排列如图 1-22 所示。引脚 2 为反相输入端，3 为同相输入端；引脚 5 为输出端；引脚 6 和 4 分别为电源和地；引脚 1 和 8 为电压增益设定端；使用时在引脚 7 和地之间接旁路电容，通常取 $10\mu F$。

LM386 的电源电压 4～12V 或 5～18V（LM386N-4）；静态消耗电流为 4mA；电压增益为 20～200dB；在 1、8 脚开路时，带宽为 300kHz；输入阻抗为 $50k\Omega$；音频功率 0.5W。

3. 典型应用电路

图 1-22 LM386 的外形和引脚的排列

（1）图 1-23 所示为 LM386 的一种基本用法，也是外接元件最少的一种用法。C_1 为输出电容。利用电位器 RP 可调节扬声器的音量。R 和 C_2 串联构成校正网络用来进行相位补偿。C_3 为去耦电容，滤掉电源的高频交流成分。由于引脚 1 和引脚 8 断开，集成功放的电压增益为 26dB，即电压放大倍数为 20。因此用不到大的增益，电容可不必接，节省成本也减少了噪声。

（2）图 1-24 所示为 LM386 电压增益最大的用法。通过接在引脚 1、引脚 8 间的电容 C_3（引脚 1 接电容正极）来改变增益，电压放大倍数为 200。C_4 为旁路电容。

（3）图 1-25 所示为 LM386 电压放大倍数为 50 的一种用法。

（4）图 1-26 所示为 LM386 的一般用法，通过 R_2 来改变 LM386 的电压增益。

三、实验设备与器件

集成功率放大器的测试实验所需实验设备与器件见表 1-15。

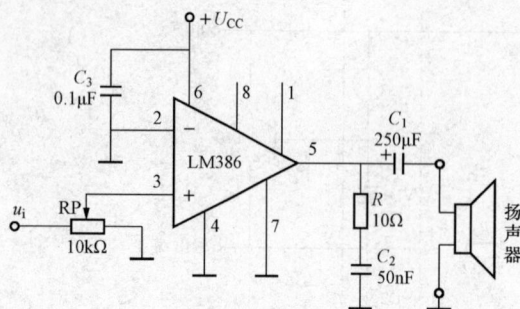

图 1-23　LM386 外接元件最少的应用电路

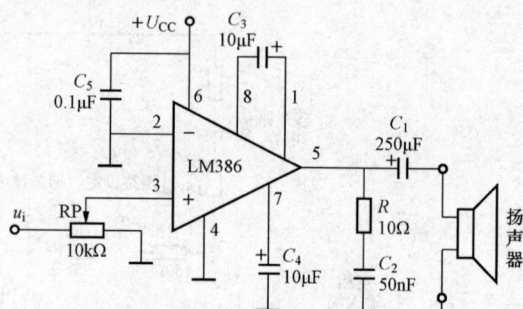

图 1-24　LM386 电压增益最大的应用电路

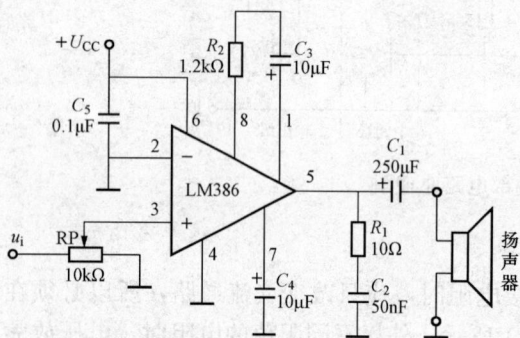

图 1-25　LM386 电压放大倍数为 50 的应用电路

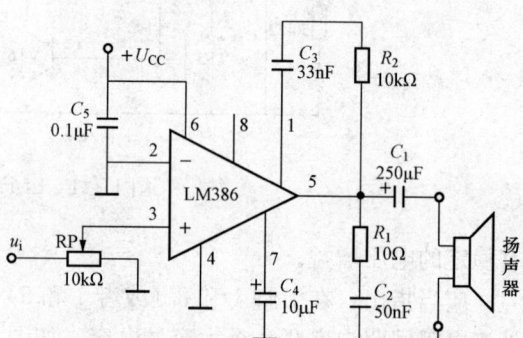

图 1-26　LM386 改变电压增益的应用电路

表 1-15　　　　　　集成功率放大器测试实验所需实验设备与器件

序号	名　称	型号与规格	数量	序号	名　称	型号与规格	数量
1	+12V 直流电源		1	6	电位器	10kΩ	1
2	函数信号发生器	EE1641B	1	7	电阻器		若干
3	数字式交流毫伏表	TH1911	1	8	电容器		若干
4	直流数字电压表		1	9	集成功率放大器芯片	LM386	1
5	示波器	YB4328	1	10	8Ω 扬声器		1

四、实验内容

1. LM386 外接元件最少的应用电路的测试

按图 1-23 连接实验电路，输入端接函数信号发生器，输出端接扬声器。

(1) 静态测试。将输入信号旋钮旋至零，接通 +12V 直流电源，测量静态总电流及集成块各引脚对地电压，记入自拟表格中。

(2) 最大输出功率。输入端接 1kHz 正弦信号，输出端用示波器观察输出电压波形，逐渐加大输入信号幅度，使输出电压为最大不失真输出，用交流毫伏表测量此时的输出电压 U_{om}，则最大输出功率 P_{om} 为

$$P_{om} = \frac{U_{om}^2}{R_L}$$

2. LM386 电压增益最大的应用电路的测试

按图 1-24 连接实验电路，输入端接函数信号发生器，输出端接扬声器。重复 1 的测试

内容。

3. LM386 电压放大倍数为 50 的应用电路的测试

按图 1-25 连接实验电路，输入端接函数信号发生器，输出端接扬声器。重复 1 的测试内容。

4. LM386 的一般用法电路的测试

按图 1-26 连接实验电路，输入端接函数信号发生器，输出端接扬声器。重复 1 的测试内容。

五、注意事项

(1) 实验前，必须熟悉集成音频功放 LM386 的引脚功能及其参数。

(2) 使用仪表设备前，必须仔细阅读仪表的操作。

(3) 接入 12V 电源时，不要将其极性接反，以免烧坏芯片。

(4) 接入扬声器时，不要将其极性接反。

六、预习要求

(1) 复习有关集成功率放大器部分内容。

(2) 若在无输入信号时，从接在输出端的示波器上观察到频率较高的波形，正常否？如何消除？

(3) 进行本实验时，应注意以下几点。

1) 电源电压不允许超过极限值，不允许极性接反，否则集成块将遭损坏。

2) 电路工作时绝对避免负载短路，否则将烧毁集成块。

3) 接通电源后，时刻注意集成块的温度。有时，未加输入信号集成块就发热过甚，同时直流毫安表指示出较大电流且示波器显示出幅度较大、频率较高的波形，说明电路有自激现象，应即关机，然后进行故障分析并处理。待自激振荡消除后，才能重新进行实验。

4) 输入信号不要过大。

七、实验总结

(1) 整理实验数据，并进行分析。

(2) 画频率响应曲线。

(3) 讨论实验中产生的问题及解决办法。

第二章　设计性实验

实验六　基本运算电路的设计

一、实验目的

（1）掌握集成运算放大器的正确使用方法以及在理想条件下的线性应用。

（2）研究由集成运算放大器组成的比例、加法、减法等基本运算电路的功能。

（3）进一步理解集成运算放大器的虚短和虚断的概念。

（4）了解运算放大器在实际应用时应考虑的一些问题。

二、实验原理

集成运算放大器是一种具有高电压放大倍数的直接耦合多级放大电路。当外部接入不同的线性或非线性元器件组成输入和负反馈电路时，可以灵活地实现各种特定的函数关系。在线性应用方面，可组成比例、加法、减法等模拟运算电路。

1. 理想运算放大器特性

在大多数情况下，将运算放大器视为理想运算放大器，就是将运算放大器的各项技术指标理想化，满足下列条件的运算放大器称为理想运算放大器。理想运算放大器的条件为：

①开环电压增益　$A_{ud}=\infty$；②输入阻抗　$r_i=\infty$；③输出阻抗　$r_o=0$；

④带宽　$f_{BW}=\infty$；⑤失调与漂移均为零。

理想运算放大器在线性应用时的两个重要特性是：

（1）输出电压 u_o 与输入电压之间满足关系式 $u_o=A_{ud}(u_+ - u_-)$。

由于 $A_{ud}=\infty$，而 u_o 为有限值，因此，$u_+ - u_- \approx 0$。即 $u_+ \approx u_-$，称为"虚短"。

（2）由于 $r_i=\infty$，故流进运算放大器两个输入端的电流可视为零，即 $I_{IB}=0$，称为"虚断"。这说明运算放大器对其前级吸取电流极小。

上述两个特性是分析理想运算放大器应用电路的基本原则，可用来简化运算放大器电路的计算。

2. 基本运算电路

（1）反相比例运算电路。反相比例运算电路如图 2-1 所示。对于理想运算放大器，该电路的输出电压与输入电压之间的关系为

$$u_o = -\frac{R_f}{R_1}u_i$$

为了减小输入级偏置电流引起的运算误差，在同相输入端应接入平衡电阻 R_1 和 R_f。

（2）同相比例运算电路。同相比例运算电路如图 2-2（a）所示，该电路的输出电压与输入电压之间的关系为

$$u_o = \left(1 + \frac{R_f}{R_1}\right)u_i$$

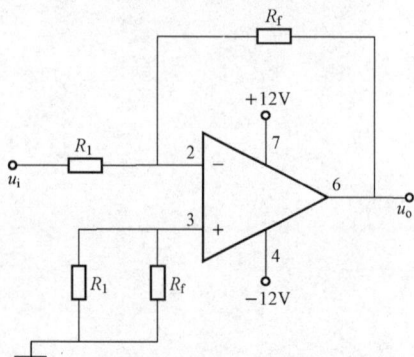

图 2-1　反相比例运算电路

当 $R_1 \to \infty$ 时，$u_o = u_i$，即得到如图 2-2（b）所示的电压跟随器。图 2-2（b）中 R_f 主要是用以减小漂移并起保护作用的。一般 R_f 取 $10k\Omega$，R_f 太小起不到保护作用，太大则影响跟随性。

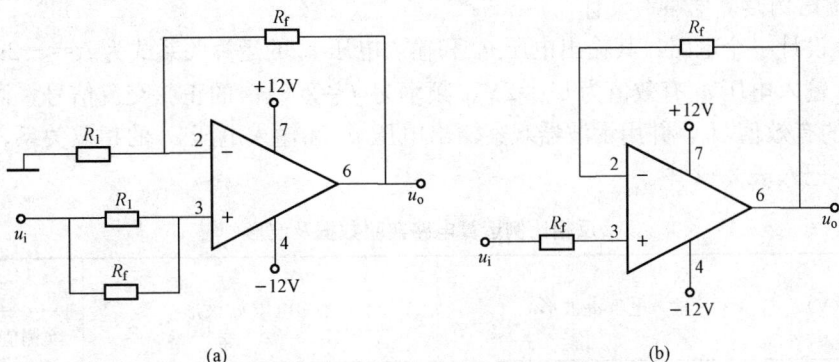

(a)   (b)

图 2-2　同相比例运算电路

（a）同相比例运算电路；（b）电压跟随器

（3）反相加法电路。反相加法电路如图 2-3 所示，输出电压与输入电压之间的关系为

$$u_o = -\left(\frac{R_f}{R_1}u_{i1} + \frac{R_f}{R_2}u_{i2}\right)$$

（4）减法器。图 2-4 所示的减法运算电路，它的输出电压与输入电压之间的关系为

$$u_o = \frac{R_f}{R_1}(u_{i2} - u_{i1})$$

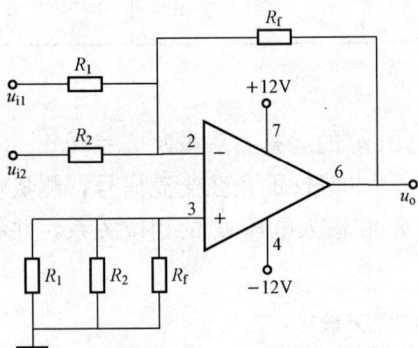

图 2-3　反相加法运算电路

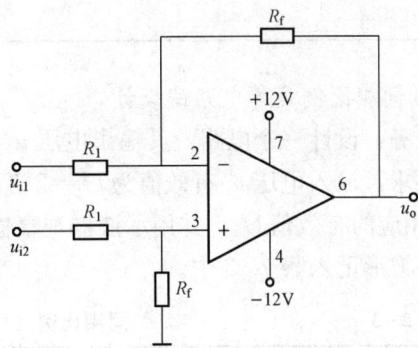

图 2-4　减法运算电路图

三、实验设备

本实验所需实验设备见表 2-1。

表 2-1　　　　　　　　　　　　实 验 设 备

序号	名　称	型号与规格	数量	序号	名　称	型号与规格	数量
1	±12V 直流电源		1	5	集成运算放大器	μA741	1
2	函数信号发生器	EE1641B	1	6	电阻器	$10k\Omega$，$20k\Omega$	若干
3	数字式交流毫伏表	TH1911	1	7	示波器	YB4328	1
4	直流数字电压表						

四、实验内容

实验前要注意集成运算放大器组件各管脚的位置；切忌集成运算放大器正、负电源极性接反和输出端短路，否则将会损坏集成运算放大器。

1. 反相比例运算电路的设计

任务：设计一个电路，其输出电压 u_o 和输入电压 u_i 的运算关系式为 $u_o = -2u_i$。

要求：输入电压 u_i 有效值为 $U_i = 2V$、频率为 $f = 200Hz$ 的正弦交流信号，测量输出电压 u_o 相应的有效值 U_o，并用示波器观察输出电压 u_o 和输入电压 u_i 的相位关系，并将测量数据与波形记入表 2-2 中。

表 2-2　　　　　　　　　　　　　**反相比例运算电路实验数据及波形**

$U_i(V)$	$U_o(V)$	输入电压 u_i 波形	输出电压 u_o 波形	A_V	
				实测值	计算值

2. 同相比例运算电路的设计

任务：设计一个电路，其输出电压 u_o 和输入电压 u_i 的运算关系式为 $u_o = 3u_i$。

要求：输入电压 u_i 有效值为 $U_i = 2V$、频率为 $f = 200Hz$ 的正弦交流信号，测量输出电压 u_o 相应的有效值 U_o，并用示波器观察输出电压 u_o 和输入电压 u_i 的相位关系，并将测量数据与波形记入表 2-3 中。

表 2-3　　　　　　　　　　　　　**同相比例运算电路实验数据及波形**

$U_i(V)$	$U_o(V)$	输入电压 u_i 波形	输出电压 u_o 波形	A_V	
				实测值	计算值

3. 电压跟随电路的设计

任务：设计一个电路，其输出电压 u_o 和输入电压 u_i 的运算关系式为 $u_o = u_i$。

要求：输入电压 u_i 是有效值为 $U_i = 2V$，频率为 $f = 200Hz$ 的正弦交流信号，测量输出电压 u_o 相应的有效值 U_o，并用示波器观察输出电压 u_o 和输入电压 u_i 的相位关系，并将测量数据与波形记入表 2-4 中。

表 2-4　　　　　　　　　　　　　　电压跟随器电路实验数据及波形

U_i(V)	U_o(V)	输入电压 u_i 波形	输出电压 u_o 波形	A_V	
				实测值	计算值

4. 反相加法运算电路的设计

任务：设计一个电路，其输出电压 U_o 和输入电压 U_{i1} 和 U_{i2} 的运算关系式为 $U_o = -2(U_{i1} + U_{i2})$。

要求：输入信号采用直流电压信号，简易直流信号源电路如图 2-5 所示，该电路由实验者自行设计完成。实验时要注意选择合适的直流信号幅度以确保集成运算放大器工作在线性区。用直流数字电压表测量输入电压 U_{i1}、U_{i2} 及输出电压 U_o，并将所测量的数据填入表 2-5 中。

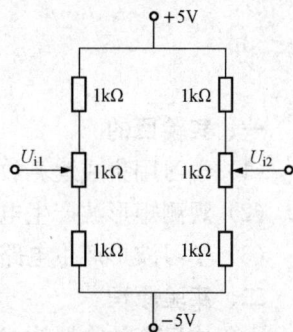

图 2-5　简易可调直流信号源

表 2-5　　　　反相加法运算电路实验数据

U_{i1}(V)	1.0	1.0	1.0	1.0	1.0
U_{i2}(V)	-2.0	-1.0	0	1.0	2.0
U_o(V)					

5. 减法运算电路的设计

任务：设计一个电路，其输出电压 U_o 和输入电压 U_{i1} 和 U_{i2} 的运算关系式为 $U_o = 2(U_{i1} - U_{i2})$。

要求：输入电压 U_{i1} 和 U_{i2} 的为直流电压信号，按照表 2-6 中的数据适当的调整输入电压 U_{i1} 和 U_{i2}，同时使用直流数字电压表测量输出电压 U_o，并测得的数据记入表 2-6 中。

表 2-6　　　　　　　　　　　　　减法运算电路实验数据

U_{i1}(V)	1.0	1.0	1.0	1.0	1.0
U_{i2}(V)	-2.0	-1.0	0	1.0	2.0
U_o(V)					

五、注意事项

（1）连接电路前必须对实验过程中所用电阻逐一测量，并做好记录。

（2）集成运算放大器的各个引脚不能接错。

（3）集成运算放大器正、负电源极性不能接反，否则将会损坏集成运算放大器。

（4）集成运算放大器的输出端不能短路。

六、预习思考题

（1）根据实验电路参数计算各电路输出电压的理论值。

（2）若输入信号与运算放大器的同相输入端相连接，当输入信号正向增大时，运算放大器的输出是正还是负？

（3）若输入信号与运算放大器的反相输入端相连接，当输入信号负向增大时，运算放大器的输出是正还是负？

（4）在反相加法器中，如 U_{i1} 和 U_{i2} 均采用直流信号，并选定 $U_{i2}=-1V$，当考虑到运算放大器的最大输出幅度（$\pm12V$）时，$|U_{i1}|$ 的大小不应超过多少伏？

（5）为了不损坏集成块，实验中应注意什么问题？

（6）实验前要弄清楚集成运算放大器各管脚的功能和含义。

七、实验总结

（1）整理实验数据，画出波形图（注意波形间的相位关系）。

（2）将理论计算结果和实测数据相比较，分析产生误差的原因。

（3）分析讨论实验中出现的现象和问题。

实验七　矩形波产生电路的设计

一、实验目的

（1）学习用集成运算放大器构成矩形波产生电路的方法。

（2）观测矩形波产生电路的输出波形，掌握波形的幅值和频率测量方法。

（3）学习波形产生电路的参数设置和主要性能指标的测试方法。

二、实验原理

由集成运算放大器构成的矩形波产生电路有多种形式，本实验选最常用的、电路结构比较简单的电路加以介绍。

1. 方波产生电路

由集成运算放大器构成的方波产生电路，一般均包括比较器和 RC 积分器两大部分。图 2-6 所示电路为由滞回比较器及简单 RC 积分电路组成的方波产生电路。它的特点是电路结构简单、便于实现，该电路主要用于产生方波或者对三角波要求不高的场合。

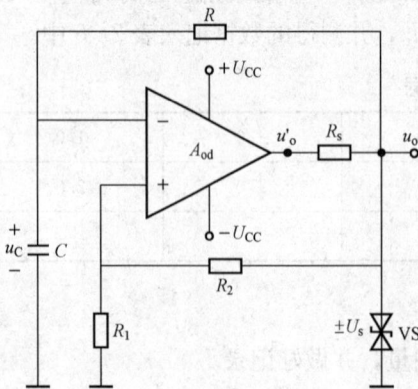

图 2-6　方波产生电路

方波产生电路的电路振荡周期 T 为

$$T = 2RC\ln\left(1+\frac{2R_1}{R_2}\right)$$

电路振荡频率 f 为

$$f = \frac{1}{2RC\ln\left(1+\dfrac{2R_1}{R_2}\right)} \qquad (2-1)$$

方波输出幅值 U_{om} 为

$$U_{om} = \pm U_s$$

电容电压 u_C 幅值 U_{Cm} 为

$$U_{\text{Cm}} = \pm \frac{R_1}{R_1 + R_2} U_{\text{s}} \qquad (2-2)$$

占空比 q 为

$$q = \frac{T_{\text{k}}}{T} = \frac{1}{2}$$

2. 矩形波产生电路

通过对方波产生电路的分析，可以想象，欲改变输出电压的占空比 q，就必须使电容正向和反向充电的时间常数不同，即两个充电回路的参数不同。利用二极管的单向导电性可以引导电流流经不同的通路，占空比可调的矩形波产生电路，电路如图 2-7 所示。

若忽略二极管导通时的等效电阻，矩形波产生电路的有关计算如下。

图 2-7 矩形波产生器

电路振荡周期 T 为

$$T = (2R + R_{\text{RP}})C \ln\left(1 + \frac{2R_1}{R_2}\right)$$

电路振荡频率 f 为

$$f = \frac{1}{(2R + R_{\text{RP}})C \ln\left(1 + \frac{2R_1}{R_2}\right)} \qquad (2-3)$$

矩形波输出幅值 U_{om} 为

$$U_{\text{om}} = \pm U_{\text{s}}$$

电容电压 u_{C} 幅值 U_{cm} 为

$$U_{\text{cm}} = \pm \frac{R_1}{R_1 + R_2} U_{\text{s}} \qquad (2-4)$$

占空比 q 为

$$q = \frac{T_{\text{k}}}{T} = \frac{R_{\text{RP1}} + R}{R_{\text{RP}} + 2R}$$

3. 参数确定与元件选择

(1) 集成运算放大器的选择。

由于本实验输出方波的频率要求不是很高，通常选用通用型的集成运算放大器即可，如 μA741。

(2) 稳压二极管 VS 的选择。

稳压二极管 VS 的作用是限制和确定矩形波的幅度，因此要根据设计所要求的矩形波幅度来选择稳压二极管的稳定电压 U_{s}。此外矩形波幅度和宽度的对称性也与稳压二极管的对称性有关。为了得到对称的矩形波输出，通常应选用高精度的双向稳压二极管（如 2DW231 型）。

电阻 R_{s} 为稳压二极管的限流电阻，其阻值由所选的稳压二极管的稳定电流来决定。

(3) 正反馈回路电阻 R_1 与 R_2 的选择。

在图 2-6 和图 2-7 所示的电路中，正反馈回路电阻 R_1 与 R_2 的比值均决定了运算放大

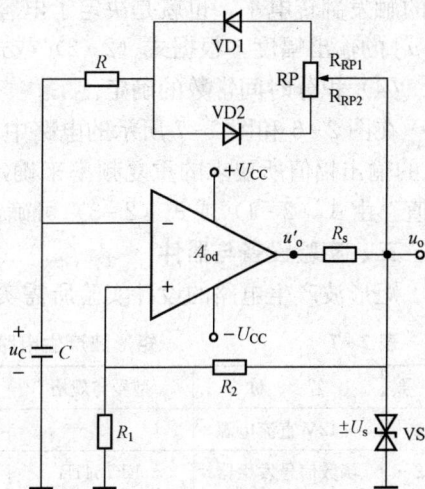

器的触发翻转电平，也就是决定了电容电压 u_C 的输出幅度。因此根据设计所要求的电容电压 u_C 的输出幅度，根据式（2-2）或式（2-4）可以确电阻定 R_1 与 R_2 的阻值。

（4）积分时间常数的确定。

在图 2-6 和图 2-7 所示的电路中，积分元件 R、C 的参数值应根据矩形波和电容电压 u_C 的输出幅值所要求的重复频率来确定。当正反馈回路电阻的阻值确定之后，在选取电容 C 值，由式（2-1）或式（2-3）可确定 R。

三、实验设备与器件

矩形波产生电路的设计实验所需实验设备与器件见表 2-7。

表 2-7   矩形波产生电路的设计实验所需实验设备与器件

序号	名　称	型号与规格	数量	序号	名　称	型号与规格	数量
1	±12V 直流电源		1	7	电阻	10kΩ、20kΩ、2kΩ	若干
2	函数信号发生器	EE1641B	1	8	电容	$0.1\mu F$	1
3	数字式交流毫伏表	TH1911	1	9	稳压管	2DW231	1
4	直流数字电压表		1	10	二极管	1N4007	2
5	集成运算放大器	$\mu A741$	1	11	电位器	10kΩ	1
6	示波器	YB4328	1				

四、实验内容

1. 方波产生电路的设计

（1）任务：设计一个用集成运算放大器构成的方波产生电路。

（2）指标要求：①输出方波的幅值为 $\pm(6.0\sim7.0)V$；②输出方波的频率为 200Hz，相对误差小于 $\pm5\%$；③电容电压波形的幅值为 $\pm(3.0\sim3.5)V$。

（3）电路测试：利用示波器同时观察输出方波和电容电压的波形，并读出波形的幅值、周期以及它们之间的相位关系，将数据填入表 2-8 中。

表 2-8   方波产生电路的测量数据

测量名称	输　出　电　压	电　容　电　压
波形		
幅值		
周期		

2. 矩形波产生电路的设计

（1）任务：设计一个用集成运算放大器构成的矩形波产生电路。

（2）指标要求：①输出矩形波的幅值为±(6.0～7.0)V；②输出矩形波频率为150Hz，相对误差小于±5％；③输出矩形波的占空比为$\left(\frac{2}{5}～\frac{3}{5}\right)$；④电容电压波形幅值为±(3.0～3.5)V。

（3）电路测试：利用示波器同时观察输出电压和电容电压的波形，并读出波形的幅值、周期以及它们之间的相位关系，将数据填入表2-9中。

表2-9　　　　　　　　　　　　矩形波产生器的测量数据

测量名称	输　出　电　压	电　容　电　压
波形	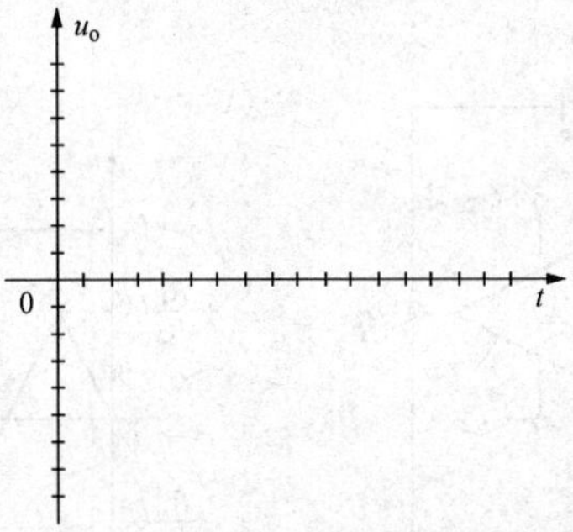	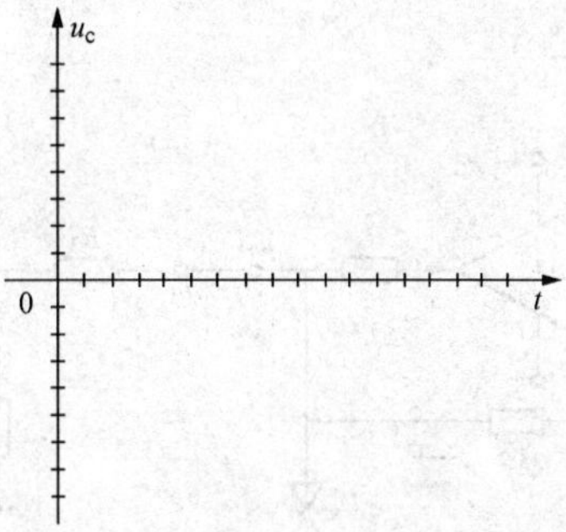
幅值		
周期		
占空比		

五、注意事项

（1）检查集成运算放大器的引脚与实验台所给出的是否一致。

（2）注意集成运算放大器正、负电源极性不能接反，否则将会损坏集成运算放大器。

（3）注意集成运算放大器的输出端不能短路。

（4）注意稳压二极管的正确使用。

六、预习思考题

（1）复习有关方波和矩形波产生电路的工作原理。

（2）电路参数变化对方波和矩形波波频率及电压幅值有什么影响？

（3）在波形产生器各电路中，"相位补偿"和"调零"是否需要？为什么？

七、实验报告

（1）整理实验数据，把实测频率与理论值进行比较。

（2）在同一坐标纸上，按比例画出电容电压的波形与方波及电容电压的波形与矩形波的波形，并标明时间和电压幅值。

（3）分析电路参数变化对输出波形、频率及幅值的影响。

实验八　三角波产生电路的设计

一、实验目的

（1）学习用集成运算放大器构成三角波产生电路的方法。

（2）观测三角波产生电路输出的波形，掌握测量输出波形的幅值和频率的方法。

（3）学习波形产生电路参数的调整和主要性能指标的测试方法。

二、实验原理

1. 方波—三角波产生电路

如把同相滞回比较器和积分器首尾相接形成正反馈闭环系统，电路如图 2-8 所示，则比较器 A1 输出的方波 u_{o1} 经积分器 A2 积分可得到三角波 u_o，三角波又触发比较器自动翻转形成方波，这样便可构成方波—三角波产生电路。图 2-9 为方波—三角波产生电路输出的波形图。由于采用集成运算放大器组成的积分电路，因此可实现恒流充电，使三角波线性大大改善。

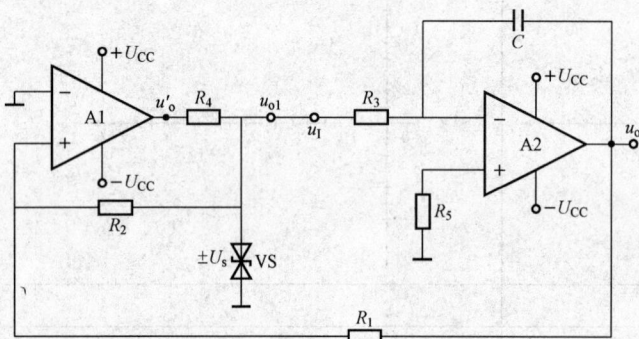

图 2-8　方波—三角波产生电路图　　　　　　　图 2-9　波形图

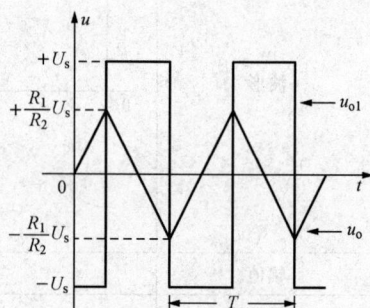

该电路的有关计算公式如下。

电路振荡周期 T 为

$$T = \frac{4R_1R_3C}{R_2}$$

电路振荡频率 f 为

$$f = \frac{R_2}{4R_1R_3C}$$

方波幅值 U_{olm} 为

$$U_{olm} = \pm U_s$$

方波占空比 q 为

$$q = \frac{T_k}{T} = \frac{1}{2}$$

三角波幅值 U_{om} 为

$$U_{om} = \pm \frac{R_1}{R_2}U_s$$

由上述公式可知，调节电阻 R_1、R_2、R_3 的阻值和电容 C 的容量，可以改变电路的振荡周期或振荡频率；而调节电阻 R_1 和 R_2 的阻值，改变 $\frac{R_1}{R_2}$ 的值，可以调节三角波的幅值。

综上所述，根据设计要求和已知条件，可以计算并选取各单元电路的元件参数，具体可参考实验七。

2. 锯齿波产生电路

通过对方波—三角波产生电路的分析可知，若使积分电路正向积分的时间常数远大于反向积分的时间常数，或者反向积分的时间常数远大于正向积分的时间常数，那么输出电压的上升的斜率和下降的斜率相差很多，就可以获得锯齿波。利用二极管的单向导电性可以引导电流流经不同的通路，使积分电路两个方向的积分通路不同，就得到锯齿波产生电路，电路如图 2-10 所示。

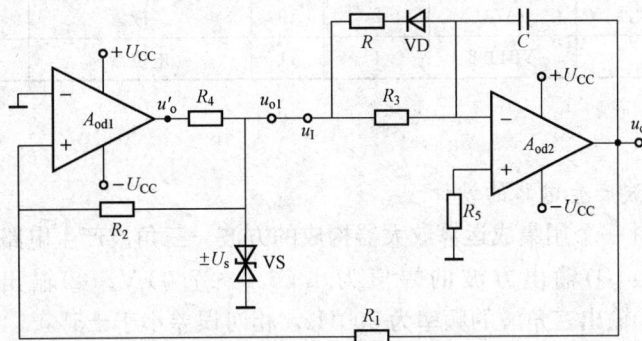

图 2-10　锯形波产生电路图

若忽略二极管导通时的等效电阻，锯齿波产生电路的有关计算如下。

电路振荡周期 T 为

$$T = \frac{2R_1(R_3 + R_3//R)C}{R_2}$$

电路振荡频率 f 为

$$f = \frac{R_2}{2R_1(R_3 + R_3//R)C}$$

矩形波幅值 U_{olm} 为

$$U_{olm} = \pm U_s$$

矩形波占空比 q 为

$$q = \frac{T_k}{T} = \frac{R_3}{R_3 + R_3//R}$$

锯齿波幅值 U_{om} 为

$$U_{om} = \pm \frac{R_1}{R_2} U_s$$

由上述公式可知，调节电阻 R_1、R_2、R_3、R 的阻值和电容 C 的容量，可以改变电路的振荡周期或振荡频率；而调节电阻 R_1 和 R_2 的阻值，改变 $\frac{R_1}{R_2}$ 的值，可以调节三角波的幅值；调节电阻 R_3 和 R 的阻值，可以改变矩形波的占空比以及锯齿波上升和下降的斜率。

综上所述，根据设计要求和已知条件，可以计算并选取各单元电路的元件参数，具体可参考实验七。

三、实验设备与器件

三角形波产生电路的设计实验所需实验设备与器件见表 2-10。

表 2-10　　　　　　　　　　　**三角形波产生电路的设计实验所需设备与器件**

序号	名　　称	型号与规格	数量	序号	名　　称	型号与规格	数量
1	±12V 直流电源		1	7	电阻	10kΩ、20kΩ、2kΩ、5.1kΩ	若干
2	函数信号发生器	EE1641B	1				
3	数字式交流毫伏表	TH1911	1	8	电容	$0.1\mu F$	1
4	直流数字电压表		1	9	稳压管	2DW231	1
5	集成运算放大器	$\mu A741$	2	10	二极管	1N4007	1
6	示波器	YB4328	1	11	电位器	10kΩ	1

四、实验内容

1. 方波—三角波产生电路的设计

(1) 任务：设计一个用集成运算放大器构成的方波—三角波产生电路。

(2) 指标要求：①输出方波的幅值为 $\pm(6.0 \sim 7.0)$V；②输出三角波的幅值为 $\pm(3.0 \sim 3.5)$V；③输出三角波的频率为 500Hz，相对误差小于 $\pm 5\%$。

(3) 电路测试步骤如下。

1) 利用示波器同时观察输出方波和三角波的波形，并读出波形的幅值、周期以及它们之间的相位关系，将数据填入表 2-11 中。

表 2-11　　　　　　　　　　　**方波—三角波产生电路的测量数据**

测量名称	方　　波	三　角　波
波形		
幅值		
周期		

2) 若指标要求中的①、②不变，③改为输出三角波的频率为 250Hz，相对误差小于 $\pm 5\%$，电路又该怎样设计？利用示波器观察波形，并读出波形的幅值、周期以及它们之间的相位关系，将数据填入自拟的表格中。

3) 若指标要求中的①、②不变，③改为输出三角波的频率为 250~500Hz 连续可调，相对误差小于 $\pm 5\%$，电路又该怎样设计？利用示波器观察波形，并读出波形的幅值、周期以及它们之间的相位关系，将数据填入自拟的表格中。

2. 矩形波—锯齿波产生电路的设计

(1) 任务：设计一个用集成运算放大器构成的锯齿波产生电路。

(2) 指标要求：①输出矩形波的幅值为±（6.0～7.0）V；②输出锯齿波的幅值为±（3.0～3.5）V；③输出三角波的频率为400Hz，相对误差小于±5%。

(3) 电路测试：利用示波器同时观察输出方波和三角波的波形，并读出波形的幅值、周期以及它们之间的相位关系，将数据填入表2-12中。

表 2 - 12   **矩形波—锯齿波产生电路的测量数据**

测量名称	矩 形 波	锯 齿 波
波形	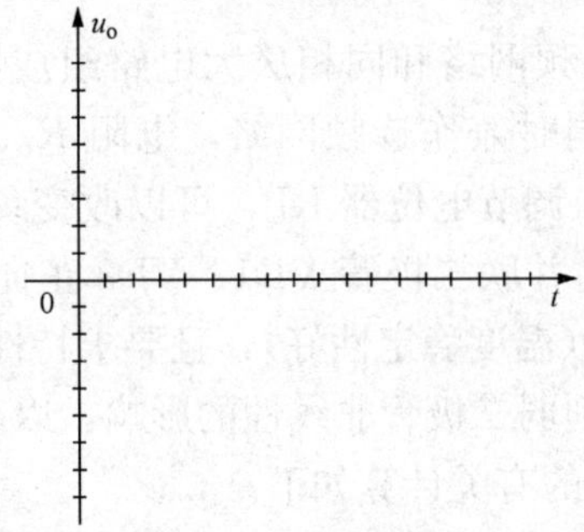	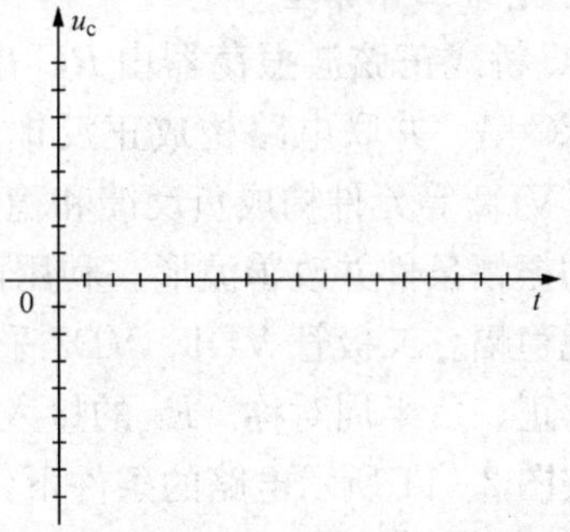
幅值		
周期		
占空比		

五、注意事项

(1) 检查集成运算放大器的引脚与实验台所给出的是否一致。

(2) 注意集成运算放大器正、负电源极性不能接反，否则将会损坏集成运算放大器。

(3) 注意集成运算放大器的输出端不能短路。

(4) 注意稳压二极管的正确使用。

六、预习思考题

(1) 复习有关三角波及锯齿波产生器的工作原理。

(2) 电路参数变化对的三角波和锯齿波频率及电压幅值有什么影响？

(3) 在波形产生器各电路中，"相位补偿"和"调零"是否需要？为什么？

七、实验报告

(1) 整理实验数据，把实测频率与理论值进行比较。

(2) 在同一坐标纸上，按比例画出方波—三角波及矩形波—锯齿波的波形，并标明时间和电压幅值。

(3) 分析电路参数变化对输出波形、频率及幅值的影响。

实验九 *RC*正弦波产生电路的设计

一、实验目的

(1) 了解集成运算放大器的非线性应用。

(2) 掌握用集成运算放的*RC*正弦波振荡电路的组成及其工作原理。

(3) 测量*RC*正弦波振荡电路的振荡频率。

（4）学习波形产生器的调整和主要性能指标的测试方法。

二、实验原理

用集成运算放大器所构成的正弦波振荡电路有 RC 桥式振荡电路（又称文氏电桥振荡器）、RC 移相振荡电路、正交式正弦波振荡电路和 RC 双 T 振荡电路等多种形式。最常采用的是 RC 桥式振荡电路，它适用于产生 1MHz 以下的低频振荡信号。现介绍常用的 RC 桥式振荡电路的工作原理。

1. 电路工作原理

RC 桥式正弦波振荡器由 RC 串并联选频网络和同相放大电路组成，如图 2 - 11 所示，其中 RC 串、并联电路构成正反馈支路，同时兼作选频网络，电阻 R_1、R_2、R_{RP} 及二极管 VD1、VD2 等元件构成负反馈和稳幅环节。调节电位器 RP，可以改变负反馈深度，以满足振荡的振幅条件并改善波形。利用两个反向并联二极管 VD1、VD2 正向电阻的非线性特性来实现稳幅。二极管 VD1、VD2 采用硅管（温度稳定性好），且要求特性匹配，才能保证输出波形正、负半周对称。R_2 的接入是为了削弱二极管非线性的影响，以改善波形失真。

按图 2 - 11 所示电路的条件下，该电路的有关计算如下。

电路的振荡频率 f_0 为

$$f_0 = \frac{1}{2\pi RC} \tag{2-5}$$

起振的幅值条件 A_{uf} 为

$$A_{uf} = 1 + \frac{R_f}{R_1} \geqslant 3 \tag{2-6}$$

即

$$\frac{R_f}{R_1} \geqslant 2$$

式中：$R_f = R_{RP} + (R_2 // r_{VD})$，其中 r_{VD} 为二极管正向导通时的动态电阻。

2. 参数确定和元件选择

一般来说，设计振荡电路就是要产生满足设计要求的振荡波形。因此振荡条件是设计振荡电路的主要依据。

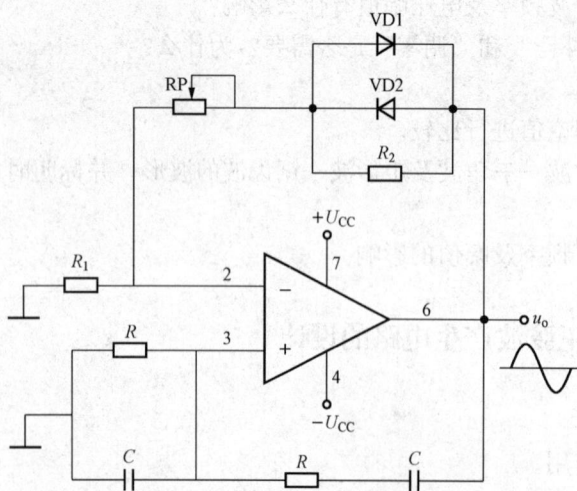

图 2 - 11　RC 桥式正弦波振荡器

设计如图 2 - 11 所示的振荡电路，需要确定和选择的元件如下。

（1）确定 R、C 值。根据设计所要求的振荡频率 f，由式（2 - 5）先确定 RC 之积，即

$$RC = \frac{1}{2\pi f_0} \tag{2-7}$$

为了使选频网络的选频特性尽量不受集成运算放大器的输入电阻 r_i 和输出电阻 r_o 的影响，应使 R 满足下列关系式，即

$$r_i \gg R \gg r_o$$

一般集成运算放大器输入电阻 r_i 约为几百千欧以上（如 LM741 型 $r_i \geqslant$

$0.3M\Omega$），而输出电阻 r_o 仅为几百欧以下，初步选定 R 之后，由式（2-7）算出电容 C 值，然后，再复算 R 取值是否能满足振荡频率的要求。若考虑到电容 C 的标称挡次较少，也可以先初选电容 C，再算出电阻 R。

（2）确定 R_1 和 R_f。电阻 R_1 和 R_f 应由起振的幅值条件来确定。根据式（2-6）可知，$R_f \geqslant 2R_1$，通常取 $R_f \geqslant (2.1 \sim 2.5)R_1$，这样既能保证起振，也不致产生严重的波形失真。

此外，为了减少输入失调电流和漂移的影响，电路还应满足直流平衡条件，即

$$R = R_1 // R_f$$

于是可以推导出

$$R_1 = \left(\frac{3.5}{2.5} \sim \frac{3.1}{2.1} \right) R$$

在实验过程中，适当地调整反馈电阻 R_f（调节电位器 RP），使电路起振，且波形失真最小。如不能起振，则说明负反馈太强，应适当加大 R_f。如波形失真严重，则应适当减小 R_f。

（3）确定稳幅电路及元件值。常用的稳幅方法，就是利用 A_{uf} 随输出电压振幅上升而下降（负反馈加强）的自动调节作用来实现稳幅。为此电阻 R_1 可选用正温度系数的电阻（如钨丝灯泡），或电阻 R_f 选用负温度系数的电阻（如热敏电阻）。

在图 2-11 中，稳幅电路由两只正反向并联的二极管 VD1、VD2 和电阻 R_2 并联组成，利用二极管正向导通时动态电阻的非线性以实现稳幅。为了减少因二极管非线性的特性而引起的波形失真，在二极管两端并联小电阻 R_2，这是一种最简单易行的稳幅电路。

（4）选择集成运算放大器。振荡电路中使用的集成运算放大器，除了要求输入电阻高、输出电阻低外，最主要的是运算放大器的增益—带宽积 $G \cdot BW$ 应满足如下条件，即

$$G \cdot BW > 3f_0$$

若设计要求的振荡频率较低，则可以选用任何型号的集成运算放大器（如通用型集成运算放大器 LM741）。

（5）确定选频网络。选频网络由 R、C 串并联电路构成。选择 RC 时，应注意选用稳定性较好的电阻 R 和电容 C（特别是串并联电路的 R、C），否则将影响频率的稳定性。此外还应对 RC 串并联电路的元件进行配选，使电路中的电阻 R、电容 C 分别相等。

改变选频网络的参数 C 或 R，即可调节振荡频率。一般采用改变电容 C 作频率量程切换，而调节 R 作量程内的频率细调。

三、实验设备

RC 正弦波产生电路的设计实验所需实验设备见表 2-13。

表 2-13 RC 正弦波产生电路的设计实验所需实验设备

序号	名 称	型号与规格	数量	序号	名 称	型号与规格	数量
1	±12V 直流电源		1	6	集成运算放大器	$\mu A741$	1
2	函数信号发生器	EE1641B	1	7	电阻	$10k\Omega$、$5.1k\Omega$、$2k\Omega$	若干
3	数字式交流毫伏表	TH1911	1	8	电容	$0.01\mu F$	若干
4	直流数字电压表			9	二极管	1N4007	2
5	示波器	YB4328		10	电位器	$10k\Omega$	

四、实验内容

1. 选频网络的设计

(1) 任务：设计一个用电阻 R 和电容 C 组成的 RC 串并联选频网络。

(2) 指标要求：①选频网络的频率为 3kHz；②频率测量值与理论计算的相对误差小于 $\pm 5\%$。

(3) 电路测试：由函数信号发生器输出有效值为 3V 的正弦交流信号，接入选频网络的输入端，并用双踪示波器同时观察 RC 串并联网络输入、输出波形。若保持函数信号发生器输出的正弦交流信号有效值不变，从低到高改变频率，当正弦交流信号到达某一频率时，RC 串并联网络输出将出现有效值约为 1V，且输入、输出同相位的正弦波，此时函数信号发生器输出信号的频率为 $f=3kHz$。

2. RC 正弦波产生电路的设计

(1) 任务：设计一个用集成运算放大器构成的 RC 正弦波产生电路。

(2) 指标要求：①输出正弦波的频率为 3kHz；②振荡频率测量值与理论计算的相对误差小于 $\pm 5\%$；③电源电压变化 $\pm 1V$ 时，正弦波的幅值基本稳定；④正弦波的波形对称，无明显非线性失真。

(3) 电路测试：

1) 利用示波器观察输出正弦波的波形，调节电位器 RP，使输出正弦波的幅值最大且不失真，用交流毫伏表分别测量输出正弦波的 U_o、反馈电压 U_+ 和 U_-，分析研究振荡的幅值条件，将数据填入表 2-14 中。

表 2-14　　　　　　　　　　　正弦波产生电路的测量数据

测　量　值		正　弦　波　波　形
U_o		
U_+		
U_-		
T		

2) 若将选频网络的两个电阻 R 改为 $R=10k\Omega$，观察记录振荡频率的变化情况，并与理论值进行比较。用示波器或频率计测量振荡频率，然后测得的数据填入自拟的表格中。

五、注意事项

(1) 检查集成运算放大器的引脚与实验台所给出的是否一致。

(2) 注意集成运算放大器正、负电源极性不能接反，否则将会损坏集成运算放大器。

(3) 注意集成运算放大器的输出端不能短路。

(4) 二极管 VD1、VD2 应该选择特性一致的硅管，连接电路时注意二极管的正、负极性。

六、预习思考题

(1) 复习有关 RC 正弦波振荡器的工作原理。

(2) 为什么在 RC 正弦波振荡电路中要引入负反馈支路?

(3) 为什么要增加二极管 VD1 和 VD2? 它们是怎样稳幅的?

七、实验总结

(1) 列表整理实验数据,画出波形,把实测频率与理论值进行比较。

(2) 根据实验分析 RC 正弦波振荡电路的起振的幅值条件。

(3) 讨论二极管 VD1、VD2 的稳幅作用。

实验十 压控振荡器的设计

一、实验目的

(1) 了解压控振荡器的组成及其工作原理。

(2) 掌握压控振荡器电路的调试方法。

二、实验原理

调节可变电阻或可变电容可以改变波形产生电路的振荡频率,一般通过手工调节,在自动控制等场合往往要求能自动地调节振荡频率。常见的情况是给出一个控制电压(例如计算机通过接口电路输出的控制电压),要求波形产生电路的振荡频率与控制电压成正比,这种电路称为压控振荡器,又称为 VCO 或 u-f 转换电路。

利用集成运算放大器可以构成精度高、线性好的压控振荡器,下面介绍压控振荡器电路的构成和工作原理,并求出振荡频率与输入电压的函数关系。

1. 压控振荡器电路的构成及工作原理

积分电路输出电压变化的速率与输入电压的大小成正比,如果积分电容充电使输出电压达到一定程度后,设法使其迅速放电,然后输入电压再充电,如此周而复始,产生振荡,其振荡频率与输入电压成正比,即压控振荡器。图 2-12 就是上述思路设计的压控振荡器(它的输入电压 $U_i>0$)电路。

图 2-12 中 A1 是积分电路,A2 是同相输入滞回比较器。当输出电压 $u_{o1}=+U_s$ 时,二极管 VD 截止,输入电压 ($U_i>0$) 经电阻 R_1 向电容 C 充电,输出电压 u_o 逐渐下降。当 u_o 下降到零再继续下降使滞回比较器 A2 同相输入端电位略低于零,u_{o1} 由 $+U_s$ 跳变为 $-U_s$,二极管 VD 由截止变导通,电容 C 放电,由于放电回路的等效电阻比 R_1 小得多,因此放电很快,u_o 迅速上升,使 A2 的 u_+ 很快上升到大于零,u_{o1} 很快从 $-U_s$ 跳回到 $+U_s$,二极管又截止,输

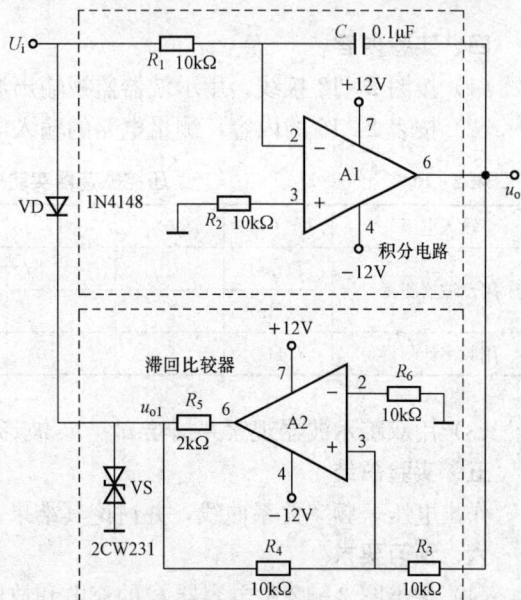

图 2-12 压控振荡器实验电路图

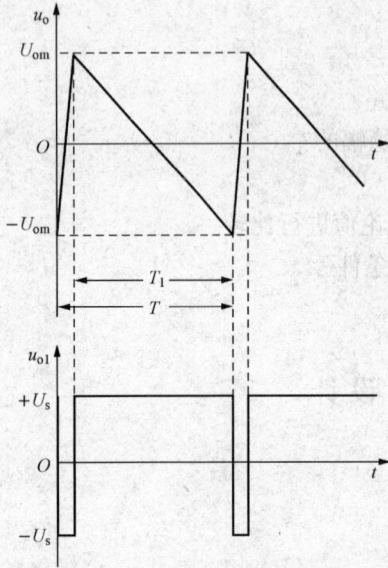

图 2-13　压控振荡器波形图

入电压经 R_1 再向电容充电。如此周而复始，产生振荡。

如图 2-13 所示为压控振荡器 u_o 和 u_{o1} 的波形图。

2. 振荡频率与输入电压的函数关系

$$f = \frac{1}{T} \approx \frac{1}{T_1} = \frac{R_4}{2R_1R_3C} \frac{U_i}{U_s}$$

可见振荡频率与输入电压成正比。

上述电路实际上就是一个方波、锯齿波产生电路，只不过这里是通过改变输入电压 U_i 的大小来改变输出波形频率，从而将电压参量转换成频率参量。

压控振荡器的用途较广。为了使用方便，一些厂家将压控振荡器做成模块，有的压控振荡器模块输出信号的频率与输入电压幅值的非线性误差小于 0.02%，但振荡频率较低，一般在 100kHz 以下。

三、实验设备与器件

压控振荡器的设计实验所需实验设备见表 2-15。

表 2-15　压控振荡器的设计实验所需实验设备

序号	名　称	型号与规格	数量	序号	名　称	型号与规格	数量
1	±12V 直流电源		1	6	示波器	YB4328	1
2	函数信号发生器	EE1641B	1	7	电阻器	10kΩ、20kΩ、2kΩ、47kΩ、2.7kΩ、33kΩ	若干
3	数字式交流毫伏表	TH1911	1				
4	直流数字电压表		1	8	电容器	0.01μF	若干
5	集成运算放大器	μA741	2	9	稳压管	2CW231	1

四、实验内容

（1）按图 2-12 接线，用示波器监视输出波形。

（2）按表 2-16 的内容，测量电路的输入电压与振荡频率的转换关系。

表 2-16　压控振荡器实验电路的测量数据

输入电压	U_i (V)	0	1	2	3	4	5	6
用示波器测得	T(ms)							
	f(Hz)							
用频率计测得	f(Hz)							

（3）用双踪示波器观察并描绘 u_o、u_{o1} 波形。

五、实验总结

作出电压—频率关系曲线，并讨论其结果。

六、预习要求

（1）指出图 2-12 中电容器 C 的充电和放电回路。

（2）定性分析用可调电压 U_i 改变 u_o 频率的工作原理。

(3) 电阻 R_3 和 R_4 的阻值如何确定？当要求输出信号幅值 $U_{opp} = 12V$，输入电压值为 3V，输出频率为 3kHz，计算出 R_3、R_4 的值。

实验十一　直流稳压电源的设计

一、实验目的

(1) 掌握单相桥式整流的工作原理和电容滤波的作用。
(2) 掌握常用电子器件的使用方法。
(3) 掌握基本稳压电路的工作原理。
(4) 掌握集成稳压器的特点和使用方法。

二、实验原理

电子设备一般都需要直流电源供电，除少数直接利用干电池和直流发电机外，大多数是采用把交流电（市电）转变为直流电的直流稳压电源。

直流稳压电源由电源变换电路、整流电路、滤波电路、稳压电路和负载五部分组成，其原理框图如图 2-14 所示。电网供给的交流电压 u_1（220V，50Hz）经电源变压器降压后，得到符合电路所需要的交流电压 u_2，然后由整流电路变换成方向不变、大小随时间变化的脉动电压 u_3，再用滤波器滤去其交流分量，就可得到比较平直的直流电压 u_i。但这样的直流输出电压，还会随交流电网电压的波动或负载的变动而变化。在对直流供电要求较高的场合，还需要使用稳压电路，以保证输出直流电压更加稳定，这样就得到了稳定的直流电压 u_o。

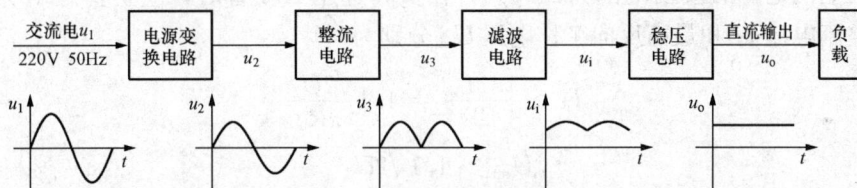

图 2-14 直流稳压电源方框图

1. 电源变换电路

电源变换电路通常是将 220V 的工频交流电源变换成所需的低压电源，一般由变压器或阻容分压电路来完成。电源变压器的作用是将交流电（市电）变换成整流电路、滤波电路所需要的交流电压。

理想电源变压器是不消耗能量的，所以二次侧与一次侧的功率比为 1∶1。但在实际应用的变压器是消耗能量的，二次侧与一次侧的功率比为

$$\eta = \frac{P_2}{P_1}$$

式中：P_1 为电源变压器一次侧的功率；P_2 为电源变压器二次侧的功率；η 为电源变压器的效率，一般小型变压器的效率见表 2-17。

表 2-17		小 型 变 压 器 的 效 率		
二次侧功率 P_2（W）	<10	10~30	30~80	80~200
效率 η	0.6	0.7	0.8	0.9

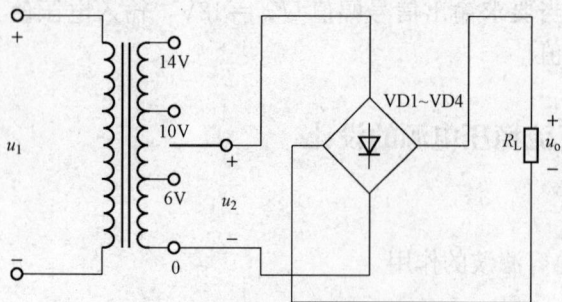

图 2-15　单相桥式整流电路

2. 整流电路

整流电路主要是利用二极管的单向导电性的原理，将交流电压变化为单向脉动电压。整流电路可分为单相半波整流电路、单相全波整流电路、单相桥式整流电路。本实验中所采用单相桥式整流电路如图 2-15 所示。

单相桥式整流电路的输出的脉动电压的平均值为

$$U_{\text{oav}} = \frac{1}{\pi} \int_0^{\pi} \sqrt{2} U_2 \sin\omega t = \frac{2\sqrt{2}}{\pi} U_2 \approx 0.9 U_2$$

输出电流的平均值（即负载电阻中的电流平均值）为

$$I_{\text{oav}} = \frac{U_{\text{oav}}}{R_{\text{L}}} \approx \frac{0.9 U_2}{R_{\text{L}}}$$

桥式整流电路中流过二极管的平均电流为

$$I_{\text{VDav}} = \frac{1}{2} I_{\text{oav}} \approx \frac{0.45 U_2}{R_{\text{L}}}$$

桥式整流电路中二极管承受的最大反向电压为

$$U_{\text{rm}} = \sqrt{2} U_2$$

考虑到电网电压的波动范围为 $\pm 10\%$，在实际选用二极管时，应至少有 10% 的余量，选择最大整流电流 I_{F} 和最高反向工作电压 U_{rm} 分别为

$$I_{\text{F}} > \frac{1.1 I_{\text{oav}}}{2} = 1.1 \frac{\sqrt{2} U_2}{\pi R_{\text{L}}}$$

$$U_{\text{rm}} > 1.1 \sqrt{2} U_2$$

3. 电容滤波电路

滤波电路是利用电容和电感的充放电储能原理，将波动变化大的脉动电压滤波成较平滑的电压。滤波电路有电容式、电感式、电容电感式、电容电阻式，须根据负载电流大小和电流变化情况以及纹波电压的要求而选择滤波电路形式。最简单的滤波电路就是把一个电容与负载并联后接入整流输出电路，即电容器滤波（C 滤波器），具体电路如图 2-16 所示。

通常，桥式整流电容滤波电路的输出电压为

$$U_{\text{o}} = 1.2 U_2$$

采用电容滤波电路时，输出电压的脉动程度与电容器的放电时间常数 $R_{\text{L}} C$ 有关系。时间常数 $R_{\text{L}} C$ 大一些，脉动就小一些。为了得到比较平直的输出电压，一般要求

$$R_{\text{L}} \geqslant (10 \sim 15) \frac{1}{\omega C}$$

式中：ω 为交流电源的角频率，即

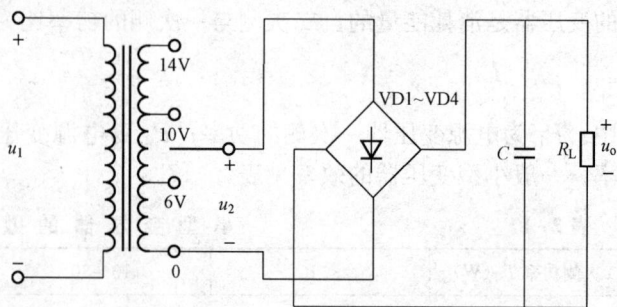

图 2-16　电容滤波电路

314rad/s。

所以有

$$R_{\mathrm{L}}C \geqslant (3 \sim 5)\frac{T}{2}$$

式中：T 为 50Hz 交流电源的周期，即 20ms。

考虑到电网电压的波动范围为 ±10%，在实际选用滤波电容时，应至少有 10% 的余量，则电容的耐压值为

$$U > 1.1\sqrt{2}U_2$$

4. 稳压电路

稳压电路是直流稳压电源的核心。因为整流滤波后的电压虽然已是直流电压，但它还是随输入电网的波动而变化，是一种电压值不稳定的直流电压，而且纹波系数也较大，所以必须加入稳压电路才能输出稳定的直流电压。最简单的稳压电路是由一只电阻和稳压管组成，它适用于电压值固定不变，而且负载电流变化较小的场合。随着半导体工艺的发展，稳压电路也制成了集成器件。由于集成稳压器具有体积小、外接线路简单、使用方便、工作可靠和通用性好等优点，因此在各种电子设备中应用十分普遍，基本上取代了由分立元件构成的稳压电路。集成稳压器的种类很多，应根据设备对直流电源的要求来进行选择。对于大多数电子仪器、设备和电子电路来说，通常是选用串联线性集成稳压器，而在这种类型的器件中，又以三端式稳压器应用最为广泛。

（1）基本应用电路。

L78×× 系列三端式集成稳压器的输出电压是固定的，在使用中不能进行调整。L78×× 系列三端式稳压器输出正极性电压，一般有 5、6、9、12、15、18、24V 七个挡次，输出电流最大可达 0.1A（此时需要加散热片）。同类型 M78 系列稳压器的输出电流为 0.5A，W78 系列稳压器的输出电流为 1.5A。

L78×× 系列的外形图如图 2-17 所示，它有三个引出端，分别是引出端 1 称为输入端（不稳定电压输入端，IN）；引出端 2 称为输出端（稳定电压输出端，OUT）；引出端 3 称为公共端（接地端，GND）。L78×× 系列的基本应用电路如图 2-18 所示，输出电压和最大输出电流决定于所选的三端稳压器。图 2-18 中的电容 C_i 用于抵消输入线较长时的电感效应，以防止电路产生自激振荡，其容量较小，一般小于 1μF；电容 C_o 用于消除输出电压中的高频噪声，可取小于 1μF 的电容。除固定输出三端稳压器外，尚有可调式三端稳压器，例如 L317，可调式三端稳压器可通过外接元件对输出电压进行调整，以适应不同的需要。

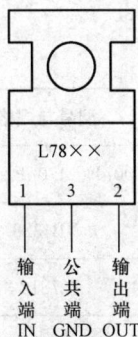

图 2-17　L78×× 系列三端式稳压器的外形图

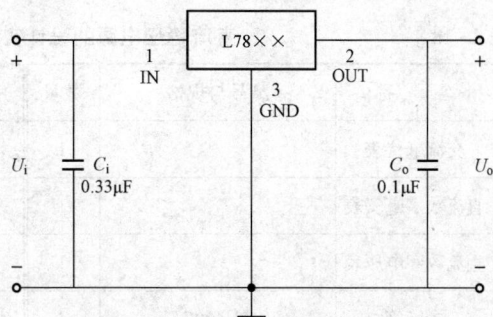

图 2-18　L78×× 的基本应用电路

　　直流稳压电源的输出电压和最大输出电流取决于所选的集成三端稳压器。所以在设计直流稳压电压时,一定要了解所选用的集成三端稳压器。例如三端固定正稳压器 L7812,它的主要参数有:输出直流电压 U_o＝＋12V,输出电流有:0.1A 和 0.5A,电压调整率 10mV/V,输出电阻 R_o＝0.15Ω,输入电压 u_i 的范围 14～16V。因为一般 u_i 要比 u_o 大 2～4V,才能保证集成稳压器工作在线性区。

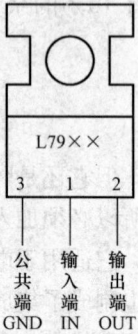

图 2-19　L9×× 系列集成三端稳压器外形图

　　(2) 正、负输出稳压电路。

　　L79×× 系列集成三端稳压器的输出电压是固定的。L79×× 系列三端式稳压器输出负极性电压,一般有 －5、－6、－9、－12、－15、－18、－24V 七个挡次,输出电流最大可达 0.1A(此时需要加散热片)。同类型 M78 系列稳压器的输出电流为 0.5A,W78 系列稳压器的输出电流为 1.5A。使用方法与 L78×× 系列稳压器相同,只是要特别注意输入电压和输出电压的极性。L79×× 系列的外形图如图 2-19 所示,基本应用电路如图 2-20 所示。

　　L78×× 系列和 L79×× 系列相配合,可以得到正、负双电压输出电路。例如需要 U_{o1}＝＋12V,U_{o2}＝－12V,则可选用 L7812 和 L7912 三端稳压器,电路如图 2-21 所示,这时的 u_i 应为单电压输出时的两倍。

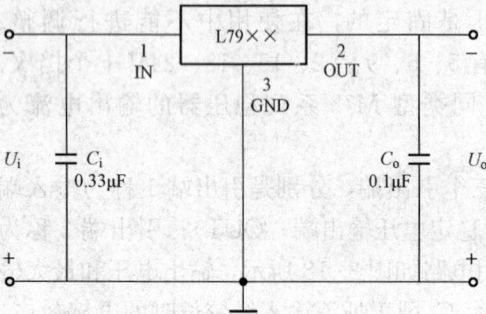

图 2-20　L79×× 的基本应用电路

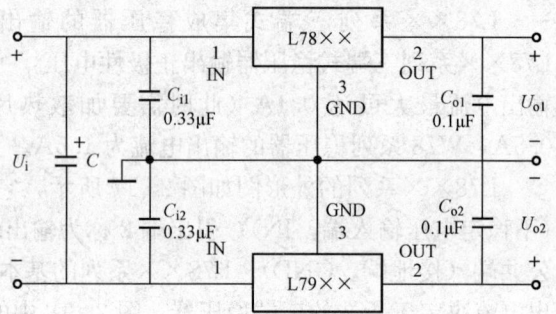

图 2-21　正、负输出稳压电路

三、实验设备与器件

直流稳压电源的设计实验所需设备与器件见表 2-18。

表 2-18　　　　　直流稳压电源的设计实验所需设备与器件

序号	名　称	型号与规格	数量	序号	名　称	型号与规格	数量
1	交流毫伏表		1	6	电容	1000μF、470μF、0.1μF	1
2	直流数字毫安表		1	7	示波器	YB4328	1
3	直流数字电压表		1	8	三端稳压器	L7812	1
4	二极管	1N4007	4	9	三端稳压器	L7912	1
5	电阻	120Ω、240Ω	1	10	变压器		1

四、实验内容

1. 设计一个直流稳压电源

(1) 任务：设计一个输出为＋12V 的直流稳压电源。

(2) 指标要求：①输出电压为＋12V；②最大输出电流为 100mA；③电压调整率 10mV/V；④输出电压的偏差为±0.6V。

(3) 电路测试内容如下。

1) 变压、整流电路的测试。利用示波器同时观察变压器二次侧输出电压 u_2 和整流电路输出电压 u_0 的波形，并读出波形的幅值、周期以及它们之间的相位关系，将数据填入表 2-19 中。

表 2-19   变压、整流电路的测量数据

测量名称	变压器二次侧输出电压 u_2	整流电路输出电压 u_0
波形		
幅值		
周期		

2) 变压、整流、滤波电路的测试。利用示波器同时观察当 $R_L = 120\Omega$ 和 $R_L = 240\Omega$ 时变压器二次侧输出电压 u_2 和整流电路输出电压 u_0 的波形，并读出波形的幅值、周期以及它们之间的相位关系，并将数据填入表 2-20 和表 2-21 中。

表 2-20   变压、整流、滤波电路的测量数据 （$R_L = 120\Omega$）

测量名称	变压器二次侧输出电压 u_2	整流电路输出电压 u_0
波形		
幅值		
周期		

表 2 - 21 　　　　　　　**变压、整流、滤波电路的测量数据 （$R_L = 240\Omega$）**

测量名称	变压器二次侧输出电压 u_2	整流电路输出电压 u_o
波形	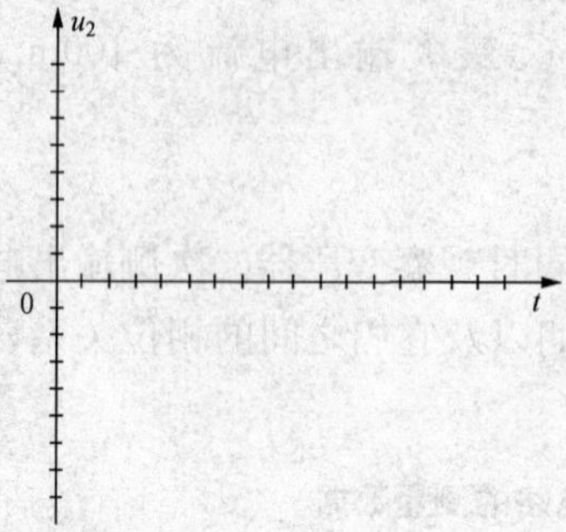	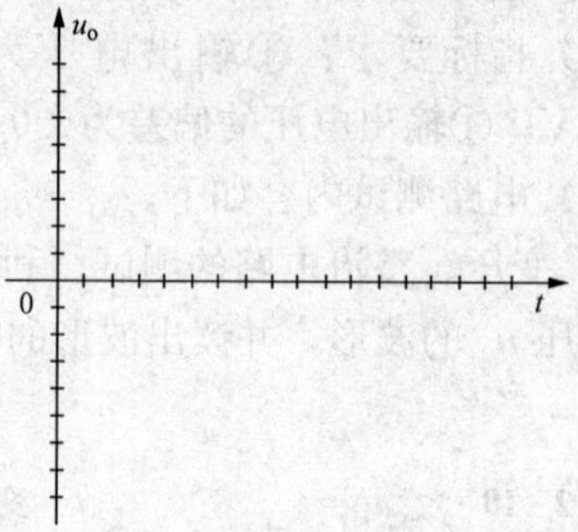
幅值		
周期		

3）直流稳压电源的测试。利用直流数字电压表和直流数字电流表测量表 2 - 22 中的数据。

表 2 - 22 　　　　　　　**直流稳压电源的测试数据**

测试条件	测试值		
R_L（Ω）	稳压器输入电压 U_i（V）	输出电流 I_o（mA）	输出电压 U_o（V）
∞			
120Ω			
240Ω			

2. 设计一个正、负输出直流稳压电源

（1）任务：设计一个输出为 ±12V 的直流稳压电源。

（2）指标要求：①输出电压为 ±12V；②最大输出电流为 100mA；③电压调整率 10mV/V；④输出电压的偏差为 ±0.6V。

（3）电路测试：①变压、整流电路的测试；②变压、整流、滤波电路的测试；③直流稳压电源的测试。

五、注意事项

（1）由四个二极管构成的单相桥式整流电路的连接。

（2）电解电容的正、负极性不能接反。

（3）三端稳压器的引出端不能接反。

（4）每次改接电路时，必须切断工频电源。

六、预习思考题

（1）复习单相桥式整流电路的工作原理及连接。

（2）复习电容滤波的工作原理及电容的选择。

（3）复习集成稳压器部分内容。

七、实验报告

（1）整理实验数据，画出各部的输出波形图。

（2）分析讨论实验中产生的现象和问题。

第三章　综合设计性实验

实验十二　药品电子配料秤的设计

一、设计任务与要求

在工业、农业生产中，经常需要将不同物料按一定质量比例配置进行混合加工以完成生产的需要。下面针对化学实验设计一种添加药品质量计量装置，用于配料生产的自动控制系统。设计的要求如下：

(1) 配料精度优于 1%；

(2) 配料重量连续可调，料满自动停止加料；

(3) 工作稳定可靠；

(4) 设计直流稳压电源。

二、总体方案设计

1. 设计思路

(1) 该装置主要功能是用电子电路实现对物料质量的计量，故首先应将物料质量（非电量）转换成电量。被称物料可通过支撑料斗的称重传感器将质量信号转换成电信号，电量数值大小与物料的质量成比例。

(2) 根据预先设定的配料质量确定基准电压（类似于天平的砝码），其值大小可以调节。

(3) 将表示物料质量的电信号与基准电压进行比较，其比较结果（输出状态）控制执行机构完成预定的动作。

2. 原理框图

药品电子配料秤的原理框图如图 3-1 所示，各组成部分介绍如下。

(1) 传感器。可采用电阻应变式质量传感器，将多个同型传感器串接使用，可扩大输出电压范围。

(2) 放大器。将传感器输出的微弱信号电压放大，可采用通用型集成运算放大器。

(3) 指示器。指示器可由电压跟随器和电流表组成。电压放大器的输出信号作输入信号加于电压跟随器的输入端，在电压跟随器串接由电流表组成改装的电压表指示电压的数值，重物（所加物料）质量愈大，则电压表的指示读数愈大。

(4) 比较器。可采用电压比较器 LM339 芯片。

(5) 质量设置。由电阻和电位器组成，调节电位器就可调节质量设置。

(6) 执行机构。执行机构可由晶体管和继电器等元件组成。晶体管工作于开关状态，由比较器的输出状态控制。当比较器输出高电平 U_{oh} 时，晶体管导通，使继电器吸合；当比较器输出低电平 U_{ol} 时，晶体管截止，继电器释放，则相应的控制电路按有关的逻辑程

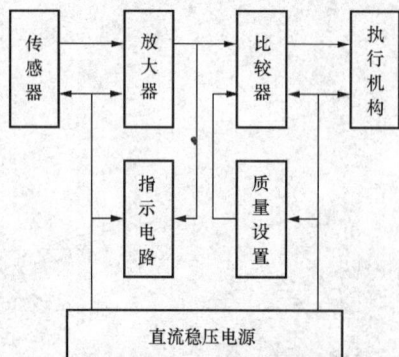

图 3-1　药品电子配料秤的原理框图

序工作，使之完成预定的动作。

三、主要实验设备介绍

（一）电压比较器 LM339 介绍

LM339 集成块内部装有四个独立的电压比较器，采用 DIP-14 封装，外形及管脚排列如图 3-2 所示。LM339 每个比较器有两个输入端和一个输出端。两个输入端一个称为同相输入端，用"＋"表示，另一个称为反相输入端，用"－"表示。比较两个电压时，任意一个输入端加一个固定电压做参考电压 U_{REF}（也称为门限电平），另一端加一个待比较的信号电压 U_i。当"＋"端电压高于"－"端时，输出管截止，相当于输出端开路。当"－"端电压高于"＋"端时，输出管饱和，相当于输出端接低电位。两个输入端电压差别大于 10mV 就能确保输出能从一种状态可靠地转换到另一种状态，因此，把 LM339 用在弱信号检测等场合是比较理想的。LM339 的输出端相当于一只不接集电极电阻的晶体三极管，在使用时输出端到正电源一般需接一只电阻 R（称为上拉电阻，选 $3\sim15k\Omega$）。选不同阻值的上拉电阻会影响输出端高电位的值。因为当输出晶体三极管截止时，它的集电极电压基本上取决于上拉电阻与负载的值。另外，各比较器的输出端允许连接在一起使用。

该电压比较器的特点是：

（1）失调电压小，典型值为 2mV；

（2）电源电压范围宽，单电源为 $2\sim36V$，双电源电压为 $\pm1\sim\pm18V$；

（3）对比较信号源的内阻限制较宽；

（4）共模范围很大，为 $0\sim(U_{CC}-1.5)V$；

（5）差动输入电压范围较大，可以大到等于电源电压；

（6）输出端电位可灵活方便地选用。

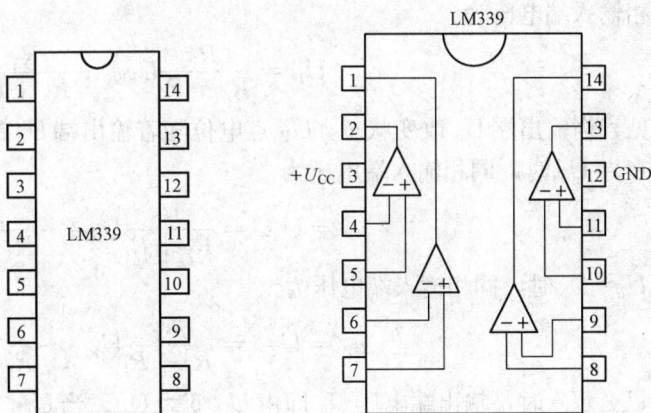

图 3-2 LM339 外形及管脚排列

（二）电压比较器 LM339 的典型应用

1. 单限比较器电路

图 3-3 给出了一个基本单限比较器。输入信号 U_i，即待比较电压，它加到同相输入端，在反相输入端接一个参考电压（门限电平）U_{REF}。当 $U_i>U_{REF}$ 时，输出为高电平 U_{oh}；当 $U_i<U_{REF}$ 时，输出为低电平 U_{ol}。图 3-4 为其传输特性。

具体应用电路如图 3-5 所示，它用单电源供电，电压比较器的反相输入端加一个固定的参考电压 U_{REF}，它的值取决于 R_1 和 R_2，$U_{REF}=\dfrac{R_2}{R_1+R_2}\times U_{CC}$。电压比较器的同相

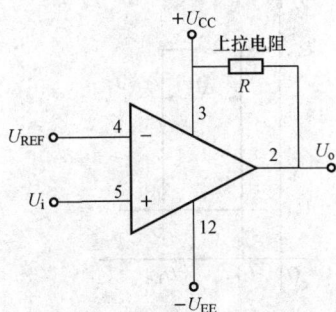

图 3-3 基本单限比较器

端接输入信号电压 U_i。当 $U_i > U_{REF}$ 时，U_o 为高电位；当 $U_i < U_{REF}$ 时，比较器反转，U_o 输出为零电位，使保护电路动作，调节 R_1 的值可以改变门限电压，即设定温度值的大小。

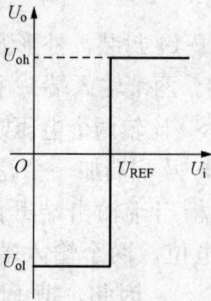

图 3-4　单限比较器传输特性

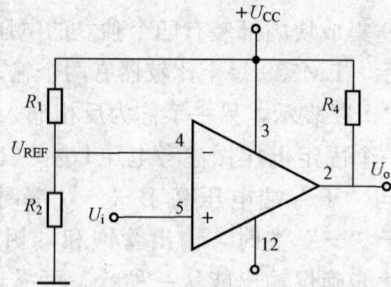

图 3-5　应用电路

2. 迟滞比较器

迟滞比较器又可理解为加正反馈的单限比较器。前面介绍的单限比较器，在实际工作时，如果 U_i 恰好在 U_{REF} 值附近，则由于零点漂移的存在，U_o 将不断由一个极限值转换到另一个极限值，这在控制系统中，对执行机构将是很不利的。为此，就需要输出特性具有滞回现象。图 3-6 给出了一个迟滞比较器，从输出端引一个电阻分压正反馈支路到同相输入端，同相输入端电压为

$$U_P = \frac{R_f}{R_3 + R_f} U_{REF} + \frac{R_3}{R_3 + R_f} U_o$$

可见，当输出端 U_o 改变状态，U_P 点电位随着输出端 U_o 的改变而改变。

当 $U_o = U_{oh}$ 时，同相输入端电压为

$$u_P = U_{T+} = \frac{R_f}{R_3 + R_f} U_{REF} + \frac{R_3}{R_3 + R_f} U_{oh}$$

当 $U_o = U_{ol}$ 时，同相输入端电压为

$$u_P = U_{T-} = \frac{R_f}{R_3 + R_f} U_{REF} + \frac{R_3}{R_3 + R_f} U_{ol}$$

当 $U_i > U_{T+}$ 时，输出端电压 U_o 即由 U_{oh} 变为 U_{ol}。当 $U_i < U_{T-}$ 时，输出端电压 U_o 即由 U_{ol} 变为 U_{oh}，于是出现图 3-7 中所示的滞回特性。U_{T-} 与 U_{T+} 的差别称为回差，改变 R_2 的数值可以改变回差的大小。

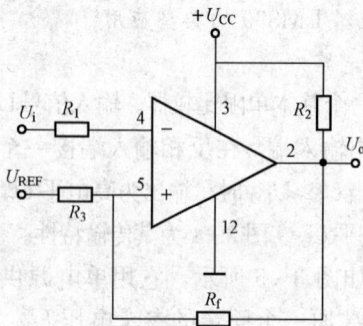

图 3-6　滞回比较器电路

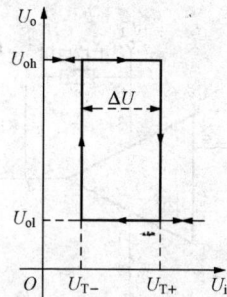

图 3-7　滞回比较器传输特性

3. 窗口比较器

图 3-8 所示电路是由两个 LM339 组成一个窗口比较器。当被比较的信号电压 U_i 位于门限电压之间（$U_{R1} < U_i < U_{R2}$）时，输出为高电位（$U_o = U_{oh}$）。当 U_i 不在门限电位范围之间（$U_i > U_{R2}$ 或 $U_i < U_{R1}$）时，输出为低电位（$U_o = U_{ol}$），窗口电压 $\Delta U = U_{R2} - U_{R1}$。它可用来判断输入信号电位是否位于指定门限电位之间，窗口比较器的传输特性如图 3-9 所示。

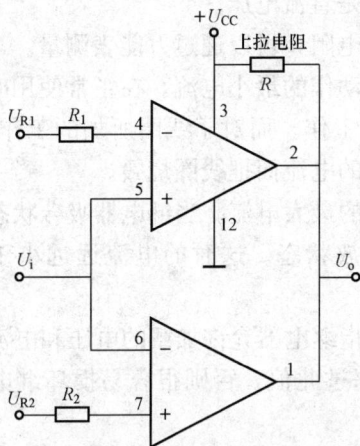

图 3-8 窗口比较器

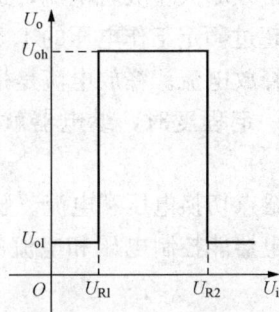

图 3-9 窗口比较器传输特性

（三）继电器介绍

1. 继电器的工作原理和特性

继电器是一种电子控制器件，它具有控制系统（又称输入回路）和被控制系统（又称输出回路），通常应用于自动控制电路中，它实际上是用较小的电流、较低的电压去控制较大电流、较高的电压的一种"自动开关"。故在电路中起着自动调节、安全保护、转换电路等作用。

（1）电磁继电器的工作原理和特性。

电磁式继电器一般由铁芯、线圈、衔铁、触点簧片等组成的。只要在线圈两端加上一定的电压，线圈中就会流过一定的电流，从而产生电磁效应，衔铁就会在电磁力吸引的作用下克服返回弹簧的拉力吸向铁芯，从而带动衔铁的动触点与静触点（动合触点）吸合。当线圈断电后，电磁的吸力也随之消失，衔铁就会在弹簧的反作用力返回原来的位置，使动触点与原来的静触点（动断触点）吸合。这样吸合、释放，从而达到了在电路中的导通、切断的目的。对于继电器的动合、动断触点，可以这样来区分：继电器线圈未通电时处于断开状态的静触点，称为动合触点；处于接通状态的静触点称为动断触点。

（2）热敏干簧继电器的工作原理和特性。

热敏干簧继电器是一种利用热敏磁性材料检测和控制温度的新型热敏开关。它由感温磁环、恒磁环、干簧管、导热安装片、塑料衬底及其他一些附件组成。热敏干簧继电器不用线圈励磁，而由恒磁环产生的磁力驱动开关动作。恒磁环能否向干簧管提供磁力是由感温磁环的温控特性决定的。

（3）固态继电器（SSR）的工作原理和特性。

固态继电器是一种两个接线端为输入端，另两个接线端为输出端的四端器件，中间采用隔离器件实现输入输出的电隔离。

固态继电器按负载电源类型可分为交流型和直流型。按开关型式可分为动合型和动断型。按隔离型式可分为混合型、变压器隔离型和光电隔离型,以光电隔离型为最多。

2. 继电器主要产品技术参数

(1) 额定工作电压。额定工作电压是指继电器正常工作时线圈所需要的电压。根据继电器的型号不同,额定工作电压可以是交流电压,也可以是直流电压。

(2) 直流电阻。直流电阻是指继电器中线圈的直流电阻,可以通过万能表测量。

(3) 吸合电流。吸合电流是指继电器能够产生吸合动作的最小电流。在正常使用时,给定的电流必须略大于吸合电流,这样继电器才能稳定地工作。而对于线圈所加的工作电压,一般不要超过额定工作电压的 1.5 倍,否则会产生较大的电流而把线圈烧毁。

(4) 释放电流。释放电流是指继电器产生释放动作的最大电流。当继电器吸合状态的电流减小到一定程度时,继电器就会恢复到未通电的释放状态。这时的电流远远小于吸合电流。

(5) 触点切换电压和电流。触点切换电压和电流是指继电器允许加载的电压和电流。它决定了继电器能控制电压和电流的大小,使用时不能超过此值,否则很容易损坏继电器的触点。

3. 继电器测试

(1) 测触点电阻。用万能表的电阻挡,测量动断触点与动点电阻,其阻值应为 0;而动合触点与动点的阻值就为无穷大。由此可以区别出哪个是动断触点,哪个是动合触点。

(2) 测线圈电阻。可用万能表 $R \times 10\Omega$ 挡测量继电器线圈的阻值,从而判断该线圈是否存在着开路现象。

(3) 测量吸合电压和吸合电流。用可调稳压电源和电流表,给继电器输入一组电压,且在供电回路中串入电流表进行检测。慢慢调高电源电压,听到继电器吸合声时,记下该吸合电压和吸合电流。为求准确,可以试多几次而求平均值。

(4) 测量释放电压和释放电流。采用上述连接法进行测试,当继电器产生吸合后,再逐渐降低供电电压,当听到继电器再次产生释放声音时,记下此时的电压和电流,亦可尝试多几次而取得平均值。一般情况下,继电器的释放电压约在吸合电压的 10%～50%,如果释放电压太小(小于 1/10 的吸合电压),则不能正常使用了,这样会对电路的稳定性造成威胁,工作不可靠。

4. 继电器的电符号和触点形式

继电器线圈在电路中用一个长方框符号表示,如果继电器有两个线圈,就画两个并列的长方框。同时在长方框内或长方框旁标上继电器的文字符号"J"。继电器的触点有两种表示方法:一种是把它们直接画在长方框一侧,这种表示法较为直观。另一种是按照电路连接的需要,把各个触点分别画到各自的控制电路中,通常在同一继电器的触点与线圈旁分别标注上相同的文字符号,并将触点组编上号码,以示区别。继电器的触点有三种基本形式。

(1) 动合型(H 型)线圈不通电时两触点是断开的,通电后,两个触点就闭合。以合字的拼音字头"H"表示。

(2) 动断型(D 型)线圈不通电时两触点是闭合的,通电后两个触点就断开。用断字的拼音字头"D"表示。

（3）转换型（Z 型）这是触点组型。这种触点组共有三个触点，即中间是动触点，上下各一个静触点。线圈不通电时，动触点和其中一个静触点断开和另一个闭合，线圈通电后，动触点就移动，使原来断开的成闭合状态，原来闭合的成断开状态，达到转换的目的。这样的触点组称为转换触点。用"转"字的拼音字头"Z"表示。

5. 继电器的选用

（1）首先了解电路技术数据。

1）控制电路的电源电压，能提供的最大电流；

2）被控制电路中的电压和电流；

3）被控电路需要几组、什么形式的触点。选用继电器时，一般控制电路的电源电压可作为选用的依据。控制电路应能给继电器提供足够的工作电流，否则继电器吸合是不稳定的。

（2）查阅有关资料确定使用条件后，可查找相关资料，找出需要的继电器的型号和规格。若手头已有继电器，可依据资料核对是否可以利用。最后考虑尺寸是否合适。

（3）注意器具的容积。若是用于一般用电器，除考虑机箱容积外，小型继电器主要考虑电路板安装布局。对于小型电器，如玩具、遥控装置则应选用超小型继电器产品。

实验十三　温度测量控制系统的设计

一、设计任务与要求

在农业生产或科学研究中，经常需要对某一系统的温度进行测量，并能自动地控制、调节该系统的温度。下面设计并制作对某一系统的温度进行测量与控制的电路。电路的要求为：

（1）被测量温度和控制温度均可数字显示；

（2）测量温度范围为 0～120℃，精度为 ±0.50℃；

（3）控制温度连续可调，精度为 ±1℃；

（4）温度超过额定值时，产生声、光报警信号。

二、总体方案设计

1. 设计思路

（1）温度采集。首先将温度（非电量）转换成电量。可采用温度传感器，将温度变化转换成相应的电信号，再进行放大处理。

（2）温度控制。将要控制的温度所对应的电压值作为基准电压 U_{REF}，用实际测量值 U_1 与 U_{REF} 进行比较，比较结果（输出状态）自动地控制、调节系统温度。

（3）报警部分。设定被控温度对应的电压值，当系统实际温度达到此对应电压值时，产生声、光报警信号。

（4）显示部分。显示系统控制温度对应的电压值。

2. 原理框图

温度测量控制系统原理框图如图 3 - 10 所示，各组成部分分别介绍如下。

（1）传感器。可采用集成温度传感器 AD590。AD590 进行温度—电流转换，是一种电流型二端器件，其内部已作修正，具有良好的互换性和线性性质，能够消除电源波动。温度—电压转换电路由 AD590、电阻和集成运算放大器组成，电路如图 3-11 所示。当温度为 $T℃$ 时，AD590 的输出电流 $I_o=(273+T)\mu A$，因此测量的电压 U_o' 为 $U_o'=(I_o×10^4)V$，温度每增加 $1℃$，U_o' 就会增加 $10mV$。为了将电压测量出来，又不使输出电流 I_o 分流，所以采用电压跟随器输出，其输出电压 U_{o1} 等于输入电压 U_o'。

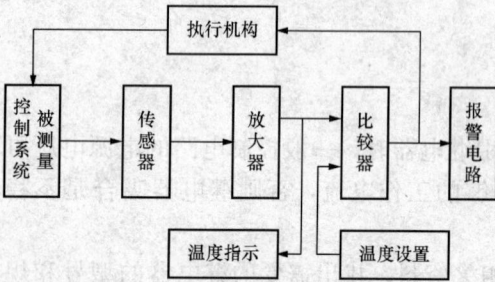

图 3-10　温度测量控制系统原理框图

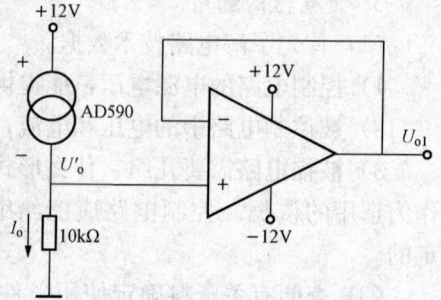

图 3-11　温度—电压转换电路

（2）放大器。由于 AD590 的温控电流值是对应绝对温度 K，而在温控中需要采用摄氏温度，故需要设计一个绝对温度—摄氏温度变换电路，该转换电路可由集成运算放大器组成减法器实现，电路如图 3-12 所示。由于一般电源供应较多器件之后，电源是带杂波的，因此使用稳压二极管进行稳压，再利用电位器进行调节，其输出电压 $U_{o2}=2.73V$，作为 $0℃$ 时的基准电压。图 3-12 所示电路输出电压的表达式为

$$U_o = \frac{100×10^3}{10×10^3}(U_{o2}-U_{o1}) = 10(U_{o2}-U_{o1})V$$

这样，温度每增加 $1℃$，U_o 就会增加 $100mV$，即输出电压 U_o 满足 $100mV/℃$，将信号放大后作为比较器的数入信号。

（3）比较器。可采用电压比较器 LM339 芯片。电压比较器 LM339 的资料详见实验十二。

被测温度信号电压加于比较器同相输入端，控制温度电压 U_{REF} 加于比较器反相输入端接，进行比较，比较结果通过执行机构的响应动作。

（4）温度设置。控制温度设置电路由电阻和电位器组成，调节电位器就可控制温度。

（5）温度指示。可由数字直流电压表进行测量。信号经过放大和刻度标定（$100mV/℃$）后可由三位半数字直流电压表直接显示温度值。温度愈高，电压表的指示读数愈大。

（6）报警电路。可由晶体管、蜂鸣器、发光二极管、电阻组成声光报警电路。晶体管工作于开关状态，由比较器的输出状态控制。当比较器输出高电平时，晶体管导通，蜂鸣器发声，二极管发光；当比较器输出低电平时，晶体管截止，蜂鸣器不发声，二极管不发光。

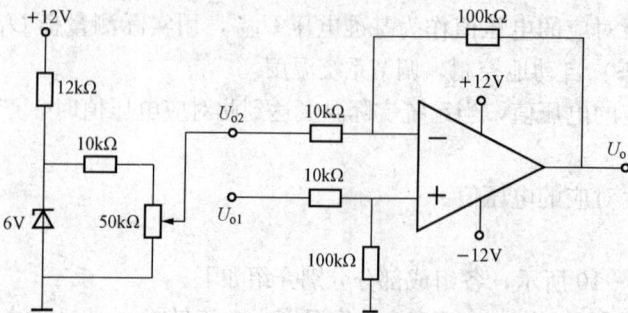

图 3-12　绝对变换及放大电路

（7）执行机构。可采用晶体管和继电器等元件组成，电路如图3-13所示。晶体管工作于开关状态，由比较器的输出状态控制。当比较器输出高电平 U_{oh} 时，晶体管导通，继电器线圈有电流流过，使继电器动合触点吸合，加热元件工作；当比较器输出低电平 U_{ol} 时，晶体管截止，继电器线圈无电流流过，继电器动合触点断开加热元件不工作。则相应的控制电路按有关的逻辑程序工作，使之完成预定的动作。

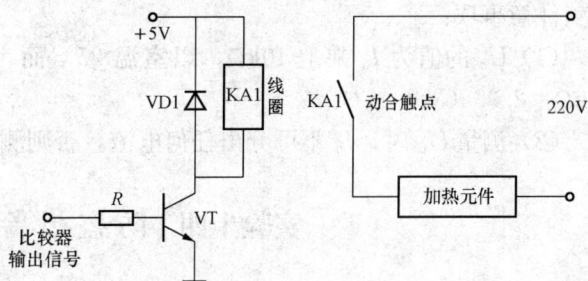

图 3-13　执行机构电路

三、集成温度传感器 AD590 介绍

温度传感器 AD590 是美国模拟器件公司生产的一种新型的二端式恒流器件。温度传感器 AD590 的电气特性：

（1）流过器件的电流 $I_r(\mu A)$ 与器件所处环境的热力学温度 $T(K)$ 在一定范围内可看作完全成正比的线性关系 $\dfrac{I_r}{T}=1$ （$\mu A/K$）。式中，I_r 为流过器件（AD590）的电流，单位为 μA；T 为热力学温度，单位为 K。

（2）AD590 的测量范围为 $-55\sim+150℃$。

（3）AD590 的工作电压为 $4\sim30V$。在此范围内，输出电流不随器件两端电压而变。而当温度变化 1K 时，流过期间的电流 I_r 变化 $1\mu A$。AD590 可以承受 $+40V$ 的正向电压和 $-20V$ 的反向电压，因而器件反接也不会被损坏。

（4）输出电阻可达 $10M\Omega$。

（5）精度高。AD590 共有 I、J、K、L、M 五挡，其中 M 挡精度最高。在 $-55\sim+150℃$ 范围内，非线性误差为 $\pm0.3℃$。

AD590 的管脚图如图 3-14 所示，元件符号如图 3-15 所示。

AD590 的输出电流值说明如下。AD590 的输出电流是以绝对温度零度（$-273℃$）为基准，每增加 $1℃$，它会增加 $1\mu A$ 输出电流，因此在室温 $25℃$ 时，其输出电流 $I_o=(273+25)\mu A=298\mu A$。AD590 基本应用电路如图 3-16 所示。

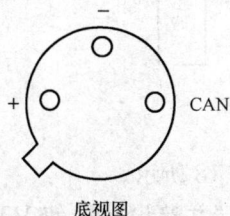

图 3-14　AD590 管脚图　　图 3-15　AD590 元件符号　　图 3-16　AD590 的基本应用电路

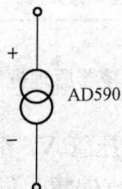

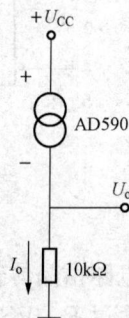

注意事项：

（1）U_o 的值为 I_o 乘上 $10k\Omega$，以室温 $25℃$ 而言，输出值为 $U_o = I_o \times 10k\Omega = 298\mu A \times 10k\Omega = 2.98$（V）。

（2）测量 U_o 时，I_o 不可分出任何电流，否则测量值会不准。

实验十四　防盗报警器的设计

一、设计任务和要求

（1）任务：设计一种适于仓库、住宅等地的防盗报警器。

（2）要求：

1）防盗路数可根据需要任意设定；

2）在同一地点（值班室）可监视多处的安全情况，一旦出现偷盗，用指示灯显示相应的地点，并通过扬声器发出报警声响；

3）设置不间断电源，当电网停电时，备用直流电源自动转换供电；

4）本报警器可用于医院住院病人有线"呼叫"。

（3）设计本报警器所需的直流稳压电源。

二、总体方案设计

1. 设计思路

（1）防盗报警器的关键部分是报警控制电路，它由控制电路控制声、光报警信号的产生。控制电路可采用运算放大器、双稳态触发器或者逻辑门等部件进行控制，比较简单的办法是采用晶体管控制。无偷盗情况时，使晶体管处在截止状态，则被控制的声、光产生电路不工作；一旦有偷盗情况，立即使晶体管导通，被控制的声、光产生电路产生声、光报警信号，呼叫值班人员采取相应措施。

（2）电网正常供电时，通过电源变压器降压后经整流、滤波及稳压得报警器所需直流电压。为防止电网停电，在控制器的输入端设置有备用电源，保证报警器在停电时能正常工作。

2. 报警器的原理

如图 3-17 所示为报警器的原理框图。

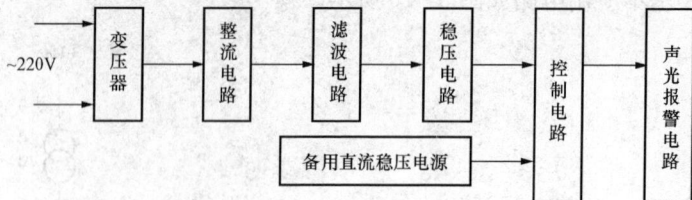

图 3-17　报警器原理框图

（1）控制电路由晶体管 VT、电阻 R 和稳压管 VS 组成，如图 3-18 所示。

电源电压通过 R、VS 给 VT 提供基极直流偏置，同时在 VS 两端并接设防线使 VT 得基极对地短路，这时 VT 处于截止状态，输出端无信号输出。一旦防线被破坏，VS 击穿稳压，VT 迅速导通，输出信号使报警电路工作，发出声、光报警信号。

（2）电网电压通过电源变压器降压后，经二极管整流、电容器滤波、集成稳压器稳压后供给控制电路，同时将备用直流电源通过二极管并入控制电路的输入端。电网电压正常供电时，二极管截止，一旦电网停电，二极管导通，备用电源自动供电。

（3）指示灯可采用发光二极管 LED 显示，控制电路输出信号使其发光。显示器可按不同设防地点进行编号。采用 NE555 时基电路和阻容元件组成音调振荡器，控制器输出信号。输出电压控制其工作，NE555 的脚输出音频信号使扬声器发声报警。

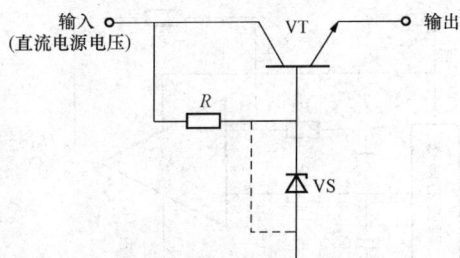

图 3-18 报警器控制电路

实验十五　湿度控制电路的设计

一、设计任务与要求

针对实验室室内湿度的情况，设计一个湿度监测、控制与报警装置。设计的要求为：

（1）相对湿度精度优于 1%；

（2）要求该电路既能检测湿度，又能对湿度起到一定的控制作用，将湿度控制在 25%～75%；

（3）当相对湿度下降到 25% 时，打开加湿器；当相对湿度上升到 75% 时，打开排气扇；

（4）工作稳定可靠；

（5）设计直流稳压电源。

二、总体方案设计

1. 设计思路

（1）该湿度控制装置主要是用电子电路实现对实验室相对湿度的控制。所以首先应将相对湿度通过湿度传感器转换成电量。

（2）根据预先设定的相对湿度范围确定基准电压，其值大小可以调节。

（3）将表示相对湿度的电信号与基准电压进行比较，其比较结果（输出状态）控制执行机构完成预定的动作。

2. 原理框图

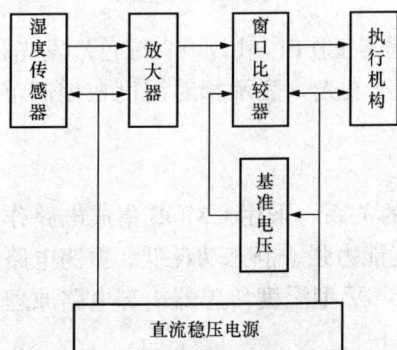

图 3-19 实验室湿度控制电路的原理框图

实验室湿度控制电路的原理框图如图 3-19 所示，组成元器件介绍如下。

（1）湿度传感器。采用 KSC-6V 型湿度传感器。KSC-6V 型湿度传感器的相对湿度值为 0～100% 所对应的输出信号为 0～100mV。

（2）放大器。采用通用型集成运算放大器 μA741。将 KSC-6V 型湿度传感器输出的微弱电压信号进行放大，电路如图 3-20 所示。

（3）比较器。采用通用型集成运算放大器 μA741，电路如图 3-21 所示，将集成运放 A2 和 A3 为开环应用，作为电压比较器。将放大器输出的电压信号 U_{o1} 分

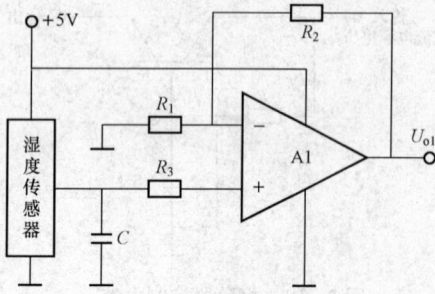

图 3-20　放大电路

别接在集成运放 A2 的反相输入端和 A3 的同相输入端；调整电位器 RP1 和 RP2 分别设置集成运放 A2 的同相输入端和 A3 的反相输入端的电压信号，将其作为基准电压，构成上、下限相对湿度的控制电路。当相对湿度下降时，传感器输出电压值也随着下降，当下降到设定数值时，集成运放 A2 输出信号 U_{o2} 为高电平 U_{oh}，启动加湿器工作；当相对湿度上升时，传感器输出电压值也随着上升，当上升超过设定数值时，集成运放 A3 输出信号 U_{o3} 为高电平 U_{oh}，启动排气扇工作。

（4）基准电压。由电阻和电位器组成，调节电位器就可调节基准电压。

（5）执行机构。执行机构采用晶体管和继电器等元件组成，晶体管工作在开关状态。比较器的输出信号控制晶体管的工作状态。当比较器输出高电平 U_{oh} 时，晶体管导通，继电器工作，动合触点闭合，启动加湿器或排气扇工作；当比较器输出低电平 U_{ol} 时，晶体管截止，继电器不工作，动合触点断开，加湿器或排气扇不工作，电路如图 3-22 所示。

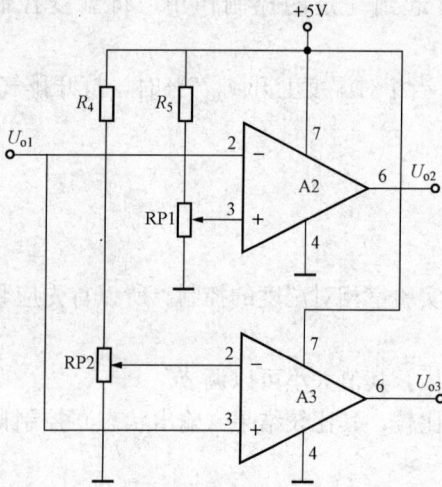

图 3-21　比较电路

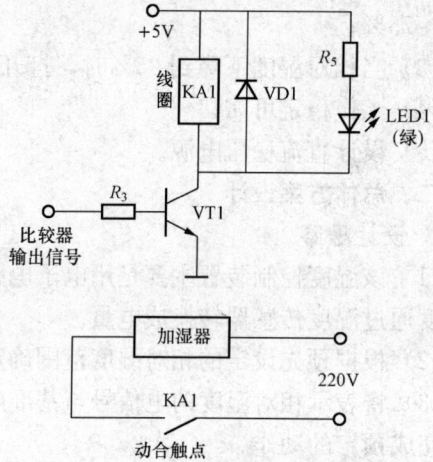

图 3-22　执行机构和指示电路

（6）工作指示电路。由发光二极管和电阻组成。当加湿器工作时，LED1（绿色）发光；当排气扇工作时，LED2（红色）发光；LED1 和 LED2 都不发光，表示相对湿度在控制范围内，电路如图 3-22 所示。

三、KSC-6V 型湿度传感器介绍

KSC-6V 型湿度传感器基于湿敏电容与环境相对湿度的关系，采用 CMOS 集成电路作为振荡器，具有线路简单、工作可靠、制作成本低，抗干扰能力强、静态功耗低、振荡电路转换特性好、双振荡器在同一芯片上特性相同等优点。KSC-6V 型湿度传感器内部电路原理框图如图 3-23 所示。

利用湿敏元件的电容，构成 RC 振荡电路。由于湿敏元件的电容容量较小，容量变化范围也较小，为了减少外界干扰和引线较长而带来的分布电容的影响，将元件直接装在探头

上，探头内装上所需的电路，直接将湿敏元件的电容信号转换成电压信号输出。由双单稳态触发器及 RC 组成双振荡器，其中一个用固定电阻及湿敏元件组成；另一个用多圈电位器及固定电容组成。设定在 RH 为 0％时，通过调整电位器使两振荡器输出脉冲宽度相同，从而使两信号差为零。

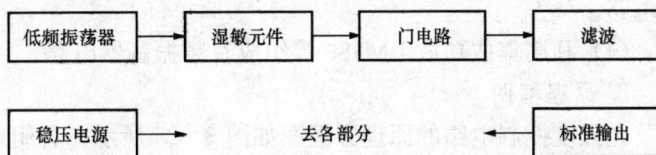

图 3-23 KSC-6V 型湿度传感器电路原理框图

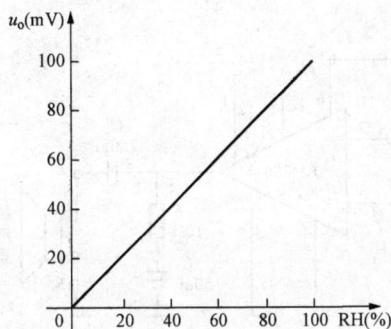

图 3-24 电压—湿度特性测试曲线

当相对湿度发生变化时，湿敏元件的容量也随之而变化，从而引起方波的脉冲宽度作相应的变化。这两个信号差通过 RC 滤波，再经标准化处理，得到电压输出，就是所需要的相对湿度。

KSC-6V 型湿度传感器的电压—湿度特性测试曲线如图 3-24 所示，其输出灵敏度为 1mV/％。

该传感器主要用于测湿，特别是高湿。所以采用了通用优质 O 形胶圈，在传感器两端进行密封。前头采用透气性较好的粉末冶金作护罩，外壳、前后接头采用铝材料，进行阳极氧化处理，从而使传感器电路隔离高湿环境，也对减少电磁屏蔽、减轻质量、控制成本起了很大的作用。

实验十六 光强度控制电路的设计

一、设计任务与要求

光电传感器是将被测量的变化通过光信号（如光强、光频率等）变化转换成电信号。光电式传感器具有非接触、快速、结构简单、性能可靠等优点，广泛应用于自动控制、智能设备、导航系统、广播电视等各个领域。几年来，半导体光敏传感器由于体积小、质量轻、低功耗、灵敏度高、便于集成等特点，越来越受到重视。设计并制作一个室内光强度的检测电路，电路的具体功能要求为：

（1）利用光敏器件将光照强度转换成电信号；

（2）根据光照强弱分为四个等级指示，参考电压可以调节；

（3）光照强度达到最强时，发出音频报警声；

（4）设计音频报警电路；

（5）直流稳压电源的设计。

二、总体方案设计

1. 设计思路

（1）该电路主要是用电子电路实现对室内相光强度的控制。所以首先应将光强度通过光敏传感器转换成电信号。

（2）根据预先设定的光强度来确定基准电压，其值大小可以调节。

（3）将光强度转换的电信号与基准电压进行比较，其比较结果（输出状态）控制音频报警电路。

（4）利用集成功放 LM386 等组成音频振荡器电路。

2. 原理框图

光强度控制电路的原理方框图如图 3-25 所示，各组成部分介绍如下。

（1）光敏传感器。采用光敏电阻 CdS 传感器。

（2）比较器。采用通用型集成运算放大器 μA741，使集成运算放大器工作在开环状态。

（3）音频报警电路。由集成功放 LM386 等组成音频振荡器电路，如图 3-26 所示。当光照照强度达到设定的最强时，发出音频报警信号。

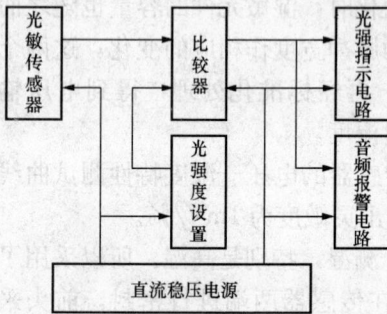

图 3-25 光强度控制电路的原理框图

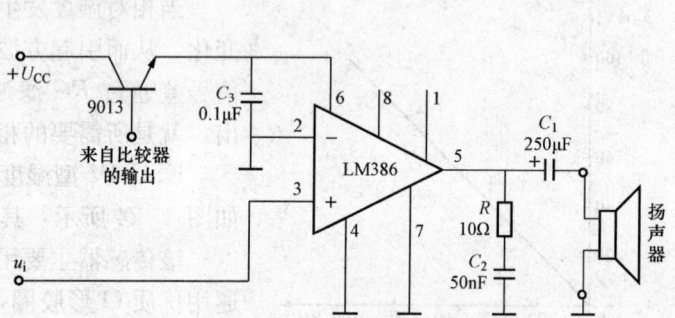

图 3-26 音频报警电路

（4）光强指示电路。由发光二极管和电阻组成。光照强度较弱时，没有发光二极管亮；光照强度弱时，有一个发光二极管亮；光照强度强时，有两个发光二极管亮；光照强度较强时，有三个发光二极管亮。

三、光敏电阻 CdS 简介

光敏电阻 CdS 是一种硫化镉为主要成分的光敏元件，其内部电阻随光照射而变化，可以认为是一种电阻器，因此，称为光敏电阻。图 3-27 是 CdS 的一般结构，左右电极做成螺纹齿状，两者要较好啮合，图 3-27 中两电极之间的很多小点表示光敏导体。

光敏电阻 CdS 的光照特性：

（1）光敏电阻无光照时，内部电子被原子束缚，具有很高的电阻值；

（2）光敏电阻有光照时，电阻值随光强度增加而降低；

（3）光照停止时，自由电子与空穴复合，电阻恢复原值。

光敏电阻 CdS 的主要参数有：

（1）无光照时的电阻为暗电阻，暗电阻一般为 0.5~200MΩ；

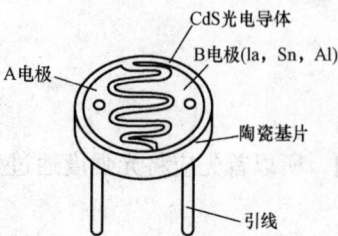

图 3-27 CdS 的结构

（2）无光照时的电流为暗电流，在给定工作电压流过暗电阻时的暗电流；

（3）受光照时的电阻、电流为亮电阻、亮电流，亮电阻的阻值一般为 0.5~200kΩ。

光敏电阻 CdS 的照度—电阻特性曲线如图 3-28 所示，由图可知，特性曲线可分为 3 段，低照度区 1 曲线斜率较大，高照度区 3 曲线斜率较小，中间区 2 一般为线性区，这种特性随 CdS 的种类不同差别较大。

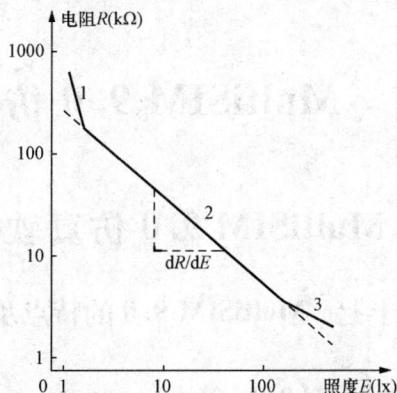

图 3-28　照度—电阻特性曲线

光敏电阻 CdS 的基本应用电路如图 3-29 所示，光敏电阻 R_G 与负载电阻 R_L 串联，输出电压 U_o 为

$$U_o = \frac{U_C}{R_G + R_L} R_L$$

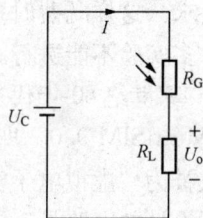

在外加电压的作用下，回路中电流 I 随光敏电阻变化而变化，通过光照强弱可以改变电路中电流的大小。光敏电阻 R_G 在受到光照时，由于光电导效应使其导电性能增强、电阻下降、流过负载 R_L 的电流增加，引起输出电压变化。光照越强回路电流越大，当光照停止时电阻恢复原值，光电效应消失。

图 3-29　光敏电阻的
基本应用电路

第二篇　MultiSIM 9.0 仿真实验

第四章　MultiSIM 9.0 仿真软件的使用

实验十七　MultiSIM 9.0 的特点及安装

一、虚拟电子工作台（MultiSIM 9.0）简述

在进行电子电路设计时，通常需要制作一块实验板来进行调试，以测试所设计的电路是否达到要求。但是，设计的电路往往不能一次性通过，要经过许多次反复调试才能符合设计要求。这样既费时费力，又增加了产品的成本。另外，受实验场所、仪器设备等因素的限制许多实验不能进行。为了解决上述一系列问题，加拿大 Interactive Image Technologies 公司于 20 世纪 80 年代末 90 年代初推出了专门用于电子电路仿真和设计的虚拟电子工作平台（MultiSIM 9.0，即 Electronics Workbench 的缩写）软件，该软件在电子技术界广为应用，被誉为"虚拟电子实验室"。利用该软件对所设计的电路进行仿真和调试，一方面可以验证所设计的电路是否能达到要求的技术指标；另一方面，又可以通过改变电路中元器件的参数，使整个电路性能达到最佳。其软件的特点是图形界面操作，易学、易用，快捷、方便，真实、准确，使用 MultiSIM 9.0 可实现大部分硬件电路实验的功能。

电子工作平台的设计实验工作区好像一块面包板，在上面可建立各种电路进行仿真实验。电子工作平台的元器件库可为用户提供 350 多种常用模拟和数字器件，可供设计和实验时任意调用。虚拟器件在仿真时可设定为理想模式和实际模式，有的虚拟器件还可直观显示，如发光二极管可以发出红、绿、蓝光，逻辑探头像逻辑笔那样可直接显示电路节点的高低电平，继电器和开关的触点可以分合动作，熔断器可以烧断，灯泡可以烧坏，蜂鸣器可以发出不同音调的声音，电位器的触点可以按比例移动改变阻值。电子工作平台的虚拟仪器库存放着数字万用表、双通道 1000MHz 数字存储示波器、999MHz 数字函数发生器、可直接显示电路频率响应的波特图仪、16 路数字信号逻辑分析仪、16 位数字信号发生器等，这些虚拟仪器可以随时拖放到工作区对电路进行测试，并直接显示有关数据或波形。电子工作平台还具有强大的分析功能，可进行直流工作点分析、暂态和稳态分析、傅里叶变换分析、噪声及失真度分析、零极点和蒙特卡罗等多项分析。

MultiSIM 9.0 还是一个非常优秀的电工电子技术实验训练工具，因为电工电子技术类课程是实践性很强的课程，将 MultiSIM 9.0 作为该类课程的辅助教学和实验训练手段，它不仅可以弥补经费不足带来的实验仪器、元器件缺乏问题，而且排除了原材料损耗和仪器损坏等因素，可以帮助学生更快更好地掌握课堂讲授的内容，加深对概念和原理的理解，弥补课堂理论教学的不足。通过仿真，可以熟悉常用电子仪器的使用方法和测量方法，进一步培养学生综合分析问题的能力、排除故障的能力和开发创新的能力。只要拥有一台普通配置的计算机，安装了 MultiSIM 9.0 之后，就相当于拥有了一个功能强大、设备齐全、器件丰富的小型"电子实验室"。

二、MultiSIM 9.0 的特点与功能

MultiSIM 9.0 的显著特点是：仿真手段切合实际，选用元器件和仪器与实际情况非常接近，绘制电路图所需的元器件、仿真所需的仪器仪表均可在相应库中直接选取。

MultiSIM 9.0 的元器件库不仅提供了数千种电路元器件供选用，而且还提供了各种元器件的理想值，因此，仿真的结果就是该电路的理论值，这对验证电路原理、自学电路内容、开发设计新的电路极为方便。同时，根据需要也可以新建或扩充已有的元器件库，因此极大地方便了使用者。

MultiSIM 9.0 提供了非常丰富的电路分析功能，包括电路的瞬态分析和稳态分析、时域分析和频域分析、线性和非线性分析、噪声和失真分析等常规分析方法，还提供了离散傅里叶分析、电路零—极点分析和交直流灵敏度分析等多种高级分析方法，以帮助设计人员研究电路性能。另外，它还可以对被仿真电路中的元器件人为设置故障，如开路、短路和不同程度的漏电等，根据不同故障可以观察电路的各种状态，从而加深对概念原理的理解，这是在实际实验中不易做到的，是电子工作台完成虚拟实验的突出特色。在进行仿真的同时，它还可以存储测试点的所有数据、测试仪器的工作状态、显示波形和具体数据，列出被仿真电路的所有元器件清单等。电子工作台所提供的元器件与目前较常用的电子电路分析软件 Pspice 的元器件库是完全兼容的，换句话说，两者之间可以相互转换。同时，在该软件下完成的电路文件可以直接输出至常见的印刷电路板排版软件，如 Protel 和 OrCAD 等软件，自动排出印刷电路板图，从而大大加快了产品的开发速度，提高了设计人员的工作效率。

MultiSIM 9.0 还提供了大量的常用实例电路库，而且伴有电路描述、实验建议等说明，供使用者参考和教学演示用。使用者可以对这些电路进行仿真、修改等，进一步发挥各自的创造能力。使用者也可以将自己设计的电路存储到该电路库中，以丰富电路库中的内容。

三、MultiSIM 9.0 的安装

MultiSIM 9.0 版的安装是基于 Windows 操作界面的，至于安装盘是软盘还是 CD 光盘、操作系统是 Windows 98 还是 Windows XP，其安装情况略有差异，但基本步骤大致相同。下面介绍的是以安装盘为光盘，在 Windows XP 操作系统下的安装步骤。

MultiSIM 9.0 版的安装步骤如下：

（1）点击光盘驱动器，找到安装盘的启动文件 setup. exe，并双击鼠标运行该文件。

（2）根据屏幕提示信息进行安装，确定程序的安装位置、工作目录，输入用户信息和序列号。

（3）选择安装硬盘位置时，应考虑磁盘空间是否能满足程序运行时临时性文件所要求的磁盘空间大小。

MultiSIM 9.0

安装完毕后，启动桌面上出现图 4-1 所示的 MultiSIM 9.0 图标，点击该图标就会出现相应的工作界面。

图 4-1　MultiSIM 9.0 图标

实验十八　MultiSIM 9.0 的工作界面

一、MultiSIM 9.0 的主窗口

MultiSIM 9.0 与其他 Windows 应用程序一样，有一个标准的工作界面，其工作界面由

标题栏、菜单栏、标准工具栏、主工具栏、元器件工具栏、仪表工具栏、设计管理器、标签栏、状态栏等部分组成，如图4-2所示。

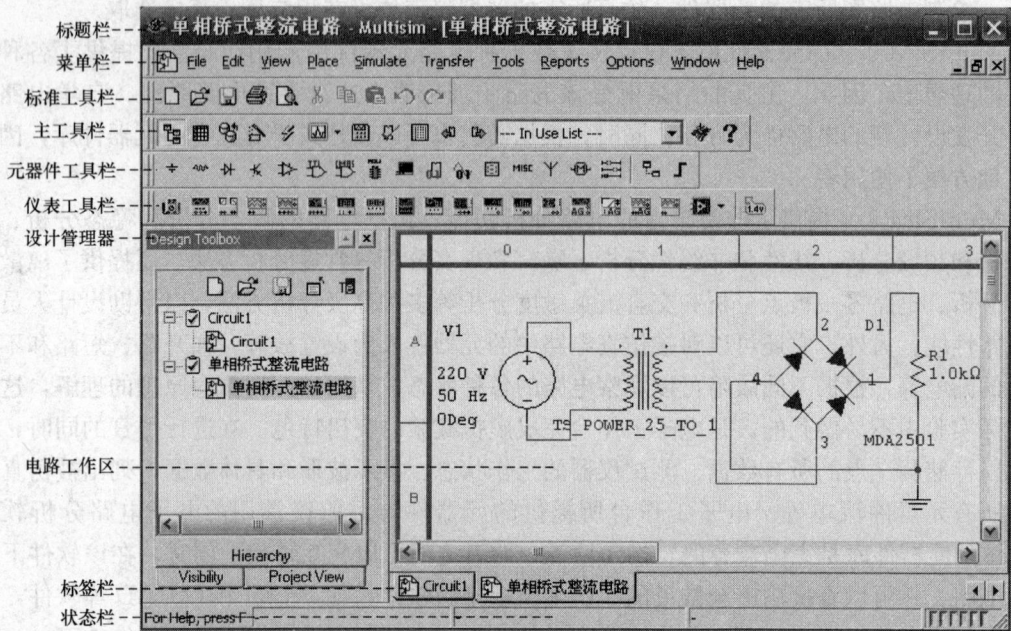

图4-2 工作界面

图4-2中，标题栏显示出当前的MultiSIM 9.0应用程序名，即单相桥式整流电路。标题栏左端有一个控制菜单框，右边是最小化、最大化（还原）和关闭三个按钮。菜单栏位于标题栏的下方，共有11组菜单，在每组菜单里，包含有一些命令和选项，建立电路、进行实验分析和结果输出均可在这个菜单栏系统中完成。

启动MultiSIM 9.0后，可以看到如图4-2所示的工作界面。工作界面中最大的区域是电路工作区，在该区域可以创建电路和测试电路。主工具栏包含了常用的操作命令按钮。元器件工具栏与仪表工具栏包含了电路实验所需的各种模拟和数字元器件以及测试仪器仪表，通过操作鼠标即可方便地使用各种元器件和实验仪表设备，此时元器件丰富、仪器设备齐全、电路连接方便的虚拟电子实验台就展现在使用者面前。

二、MultiSIM 9.0 的菜单栏

MultiSIM 9.0的菜单栏在图4-2所示工作界面标题栏的下方，共有11个菜单项，分别是File菜单、Edit菜单、View菜单、Place菜单、Simulate菜单、Transfer菜单、Tools菜单、Reports菜单、Options菜单、Window菜单和Help菜单等，每个菜单项的下拉菜单中又包括若干条命令。菜单栏主要是用于提供电路文件的存取、电路图的编辑、电路的仿真与分析以及在线帮助等。各项菜单介绍如下。

（1）File菜单。用鼠标单击File菜单，弹出如图4-3所示的一个下拉式菜单命令。

（2）Edit菜单。用鼠标单击Edit菜单，弹出如图4-4所示的一个下拉式菜单命令。

（3）View菜单。用鼠标单击View菜单，弹出如图4-5所示的一个下拉式菜单命令。

（4）Place菜单。用鼠标单击Place菜单，弹出如图4-6所示的一个下拉式菜单命令。

New ───────▶ ─新建一个文件
Open... ── Ctrl+O ─打开一个已有的文件
Open Samples... ─打开一个包含例子的文件
Close ───── 关闭当前文件的窗口
Close All ──── 关闭所有文件的窗口
Save ── Ctrl+S ─保存当前文件
Save As... ─将当前文件另存为
Save All ─保存当前打开的所有文件
New Project... ─新建一个项目
Open Project... ─打开一个项目
Save Project ─保存项目
Close Project ─关闭项目
Version Control... ─版本控制
Print... ── Ctrl+P ─打印
Print Preview ─打印预览
Print Options ─▶ 打印设置
Recent Circuits ─▶ 最近执行的电路文件
Recent Projects ─▶ 最近执行的项目组
Exit ─退出

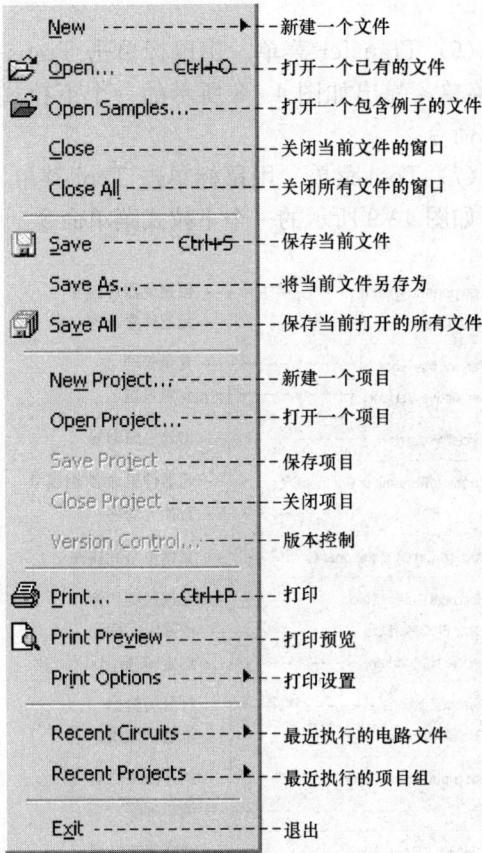

图 4-3 File 菜单

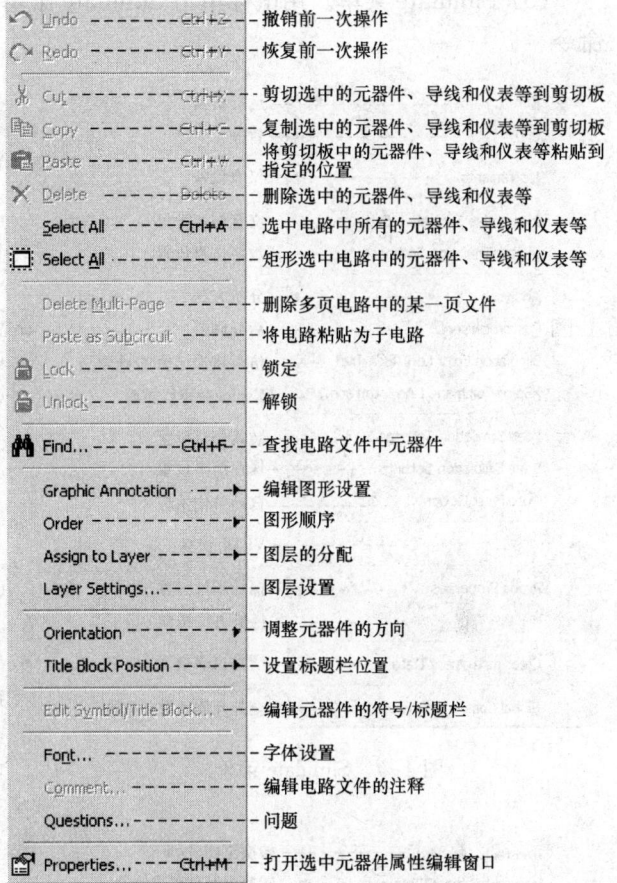

Undo ── Ctrl+Z ─撤销前一次操作
Redo ── Ctrl+Y ─恢复前一次操作
Cut ── Ctrl+X ─剪切选中的元器件、导线和仪表等到剪切板
Copy ── Ctrl+C ─复制选中的元器件、导线和仪表等到剪切板
Paste ── Ctrl+V ─将剪切板中的元器件、导线和仪表等粘贴到指定的位置
Delete ── Delete ─删除选中的元器件、导线和仪表等
Select All ── Ctrl+A ─选中电路中所有的元器件、导线和仪表等
Select All ─矩形选中电路中的元器件、导线和仪表等
Delete Multi-Page ─删除多页电路中的某一页文件
Paste as Subcircuit ─将电路粘贴为子电路
Lock ─锁定
Unlock ─解锁
Find... ── Ctrl+F ─查找电路文件中元器件
Graphic Annotation ─▶ 编辑图形设置
Order ─图形顺序
Assign to Layer ─图层的分配
Layer Settings... ─图层设置
Orientation ─▶ 调整元器件的方向
Title Block Position ─▶ 设置标题栏位置
Edit Symbol/Title Block... ─编辑元器件的符号/标题栏
Font... ─字体设置
Comment... ─编辑电路文件的注释
Questions... ─问题
Properties... ── Ctrl+M ─打开选中元器件属性编辑窗口

图 4-4 Edit 菜单

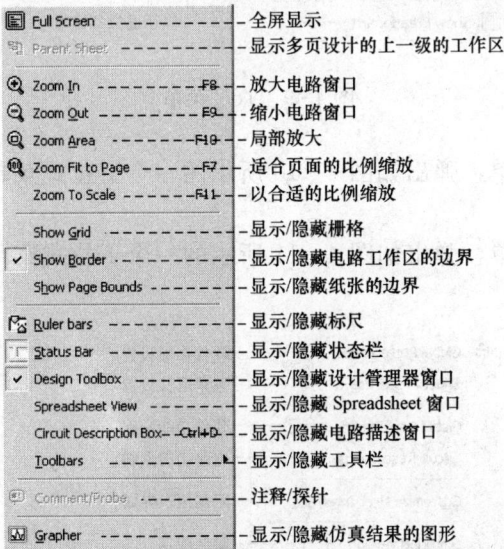

Full Screen ─全屏显示
Parent Sheet ─显示多页设计的上一级的工作区
Zoom In ── F8 ─放大电路窗口
Zoom Out ── F9 ─缩小电路窗口
Zoom Area ── F10 ─局部放大
Zoom Fit to Page ── F7 ─适合页面的比例缩放
Zoom To Scale ── F11 ─以合适的比例缩放
Show Grid ─显示/隐藏栅格
Show Border ─显示/隐藏电路工作区的边界
Show Page Bounds ─显示/隐藏纸张的边界
Ruler bars ─显示/隐藏标尺
Status Bar ─显示/隐藏状态栏
Design Toolbox ─显示/隐藏设计管理器窗口
Spreadsheet View ─显示/隐藏 Spreadsheet 窗口
Circuit Description Box ── Ctrl+D ─显示/隐藏电路描述窗口
Toolbars ─显示/隐藏工具栏
Comment/Probe ─注释/探针
Grapher ─显示/隐藏仿真结果的图形

图 4-5 View 菜单

Component... ── Ctrl+W ─放置元器件
Junction ── Ctrl+J ─放置节点
Wire ─放置连接导线
Ladder Rungs ─放置梯形母线
Bus ── Ctrl+U ─放置总线
Connectors ─▶ 放置连接器
Hierarchical Block From File... ── Ctrl+H ─在层次结构中放置电路
New Hierarchical Block... ─新建层次模块
Replace by Hierarchical Block... ── Ctrl+Shift+H ─用层次模块代替所选电路
New Subcircuit... ── Ctrl+B ─新建子电路
Replace by Subcircuit... ─用子电路代替所选器件
Multi-Page... ─多页设置
Merge Bus... ─合并总线
Bus Vector Connect... ─总线矢量连接
Comment ─放置注释
Text ── Ctrl+T ─放置文本
Graphics ─放置图形
Title Block... ─放置标题栏

图 4-6 Place 菜单

（5）Simulate 菜单。用鼠标单击 Simulate 菜单，弹出如图 4-7 所示的一个下拉式菜单命令。

Run	F5	—— 运行仿真
Pause	F6	—— 暂停
Instruments	→	—— 仪表设备
Interactive Simulation Settings...		—— 交互仿真设置
Digital Simulation Settings...		—— 数字仿真设置
Analyses	→	—— 分析方法
Postprocessor...		—— 后处理器
Simulation Error Log/Audit Trail		—— 仿真错误记录/查账索引
XSpice Command Line Interface...		—— Xspice命令行界面
Load Simulation Settings...		—— 装载仿真设置
Save Simulation Settings...		—— 保存仿真设置
Auto Fault Option...		—— 自动查错选项
VHDL Simulation...		—— VHDL仿真
Probe Properties...		—— 探针属性设置
Reverse Probe Direction		—— 探针方向反向
Clear Instrument Data		—— 清除仪表数据
Global Component Tolerances...		—— 全部元器件容差设置

图 4-7　Simulate 菜单

（6）Transfer 菜单。用鼠标单击 Transfer 菜单，弹出如图 4-8 所示的一个下拉式菜单命令。

（7）Tool 菜单。用鼠标单击 Tool 菜单，弹出如图 4-9 所示的一个下拉式菜单命令。

Component Wizard...	—— 创建元器件向导
Database	—— 元器件数据库
Variant Manager...	—— 变量管理
Set Active Variant...	—— 变量设置
Circuit Wizards	—— 创建电路向导
Rename/Renumber Components...	—— 元器件重命名/重编号
Replace Component(s)...	—— 替换元器件
Update Circuit Components ...	—— 更新电路元器件
Electrical Rules Check...	—— 电气规则检测
Clear ERC Markers	—— 清除ERC标记
Toggle NC Marker	—— 绑定NC标记
Symbol Editor...	—— 符号编辑器
Title Block Editor...	—— 标题栏编辑器
Description Box Editor...	—— 描述框编辑器
Edit Labels...	—— 编辑标签
Capture Screen Area	—— 捕获屏幕区域
Internet Design Sharing	—— Internet设计共享
Education Web Page	—— Education教育网页
Show Breadboard	—— 显示虚拟实验板

图 4-9　Tool 菜单

Transfer to Ultiboard...	—— 转换至Ultiboard
Transfer to other PCB Layout...	—— 转换至其他PCB软件
Forward Annotate to Ultiboard...	—— 用原理图更新Ultiboard文件
Backannotate from Ultiboard...	—— 从Ultiboard文件更新原理图
Highlight Selection in Ultiboard	—— 加亮版图选择区
Export Netlist...	—— 输出网络表文件

图 4-8　Transfer 菜单

（8）Reports 菜单。用鼠标单击 Reports 菜单，弹出如图 4-10 所示的一个下拉式菜单命令。

（9）Options 菜单。用鼠标单击 Options 菜单，弹出如图 4-11 所示的一个下拉式菜单命令。

Bill of Materials	—— 材料清单
Component Detail Report	—— 元器件详细报表
Netlist Report	—— 网络表报表
Cross Reference Report	—— 元器件交叉参考表
Schematic Statistics	—— 原理图器件统计表
Spare Gates Report	—— 未用门电路报表

图 4-10　Reports 菜单

Global Preferences...	—— 软件参数设置
Sheet Properties...	—— 菜单属性设置
Global Restrictions...	—— 软件功能限制
Circuit Restrictions...	—— 电路功能限制
Customize User Interface...	—— 定制用户界面
Simplified Version	—— 简化版本

图 4-11　Options 菜单

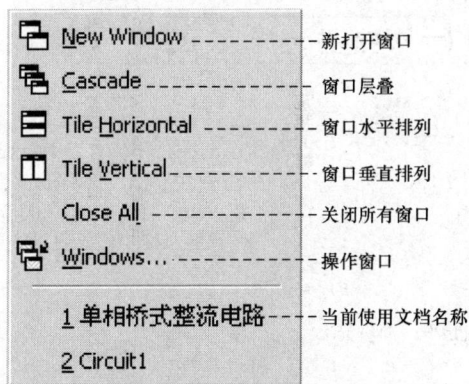

图 4 - 12 Windows 菜单

（10）Windows 菜单。用鼠标单击 Windows 菜单，弹出如图 4 - 12 所示的一个下拉式菜单命令。

（11）Help 菜单。用鼠标单击 Help 菜单，弹出如图 4 - 13 所示的一个下拉式菜单命令。

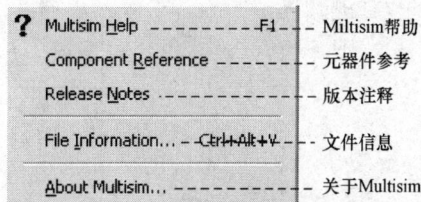

图 4 - 13 Help 菜单

三、MultiSIM 9.0 的工具栏

单击 View 菜单下的 Toolbars 选项，打开 MultiSIM 9.0 的工具栏，如图 4 - 14 所示，点击工具栏的选项，对应的工具栏就显示在屏幕上。工具栏提供了编辑电路所需要的一系列工具，使用工具栏目下的工具按钮可以更加方便地完成操作。

MultiSIM 9.0 常用的工具栏主要有标准工具栏、主工具栏、元器件库工具栏、仪表库工具栏。标准工具栏包括一些 Windows 常用的快捷工具按钮，如新建、打开、保存、打印、打印预览、剪切、复制、粘贴、撤销和恢复等按钮，如图 4 - 15 所示。主工具栏列出了仿真环境中的主要操作选项，包括设计工具箱的打开和关闭、仿真运行和停止、仿真后处理、仿真分析选择以及 MulitiSIM 帮助等，如图 4 - 16 所示。元器件库工具栏列出了元器件库的分类图标按钮，如图 4 - 17 所示。仪表库工具栏主要列出了虚拟仪器仪表的图标按钮，如图 4 - 18 所示。

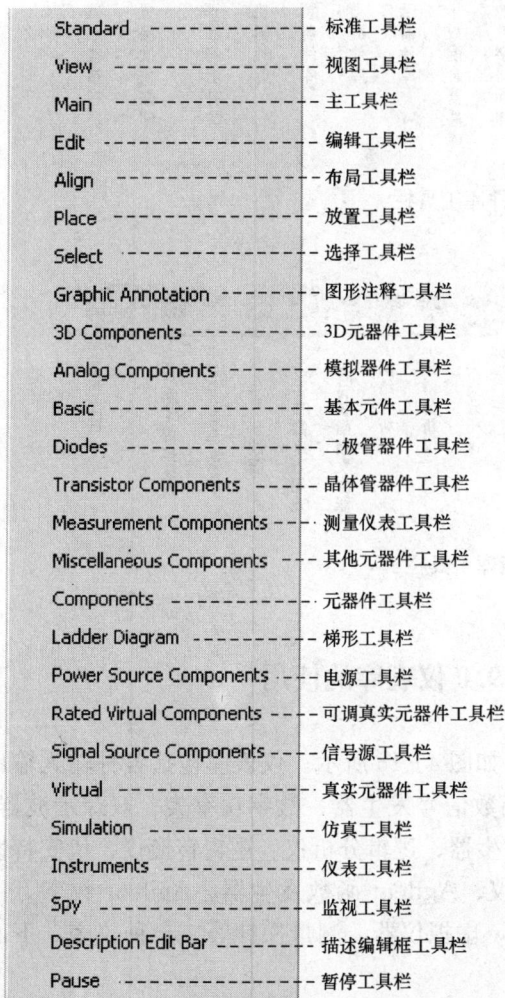

图 4 - 14 MultiSIM 9.0 的工具栏

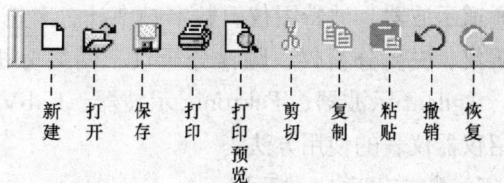

图 4 - 15 标准工具栏

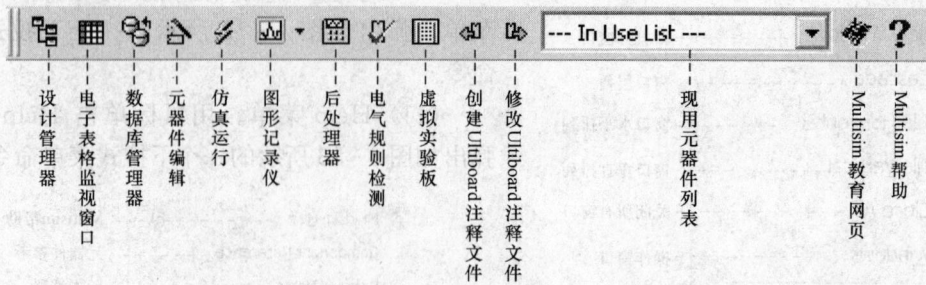

图4-16   主工具栏

设计管理器 | 电子表格监视窗口 | 数据库管理器 | 元器件编辑 | 仿真运行 | 图形记录仪 | 后处理器 | 电气规则检测 | 虚拟实验板 | 创建Ultiboard注释文件 | 修改Ultiboard注释文件 | 现用元器件列表 | Multisim教育网页 | Multisim帮助

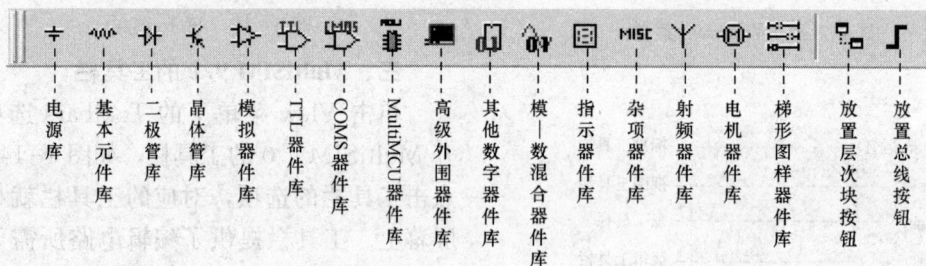

图4-17   元器件库工具栏

电源库 | 基本元件库 | 二极管库 | 晶体管库 | 模拟器件库 | TTL器件库 | COMS器件库 | MultiMCU器件库 | 高级外围器件库 | 其他数字器件库 | 模—数混合器件库 | 指示器件库 | 杂项器件库 | 射频器件库 | 电机器件库 | 梯形图样器件库 | 放置层次块按钮 | 放置总线按钮

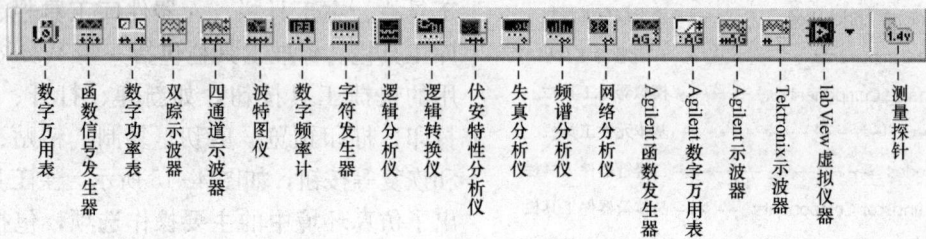

图4-18   仪表库工具栏

数字万用表 | 函数信号发生器 | 数字功率表 | 双踪示波器 | 四通道示波器 | 波特图仪 | 数字频率计 | 字符发生器 | 逻辑分析仪 | 逻辑转换仪 | 伏安特性分析仪 | 失真分析仪 | 频谱分析仪 | 网络分析仪 | Agilent函数发生器 | Agilent数字万用表 | Agilent示波器 | Tektonix示波器 | labView虚拟仪器 | 测量探针

实验十九   MultiSIM 9.0仪表库的使用

单击仪表库的图标,调出仪表库下拉菜单,如图4-18所示。仪表库包括各种输入输出信号产生器和检测仪表,分别是数字万用表、函数信号发生器、数字功率表、双踪示波器、四通道示波器、波特图仪、数字频率计、字符发生器、逻辑分析仪、逻辑转换仪、伏安特性分析仪、失真分析仪、频谱分析仪、网络分析仪、Agilent 函数发生器、Agilent 数字万用表、Agilent 示波器、Tektonix 示波器、LabView 虚拟仪器、测量探针等二十种仪表。下面介绍仪器仪表的使用方法。

1. 数字万用表(Multimeter)

MultiSIM 9.0提供的是一种具有自动量程转换功能的4位数字万用表,可以用来测量交、直流电压，电流和电阻；也可以用来测量电路中两点之间的分贝损失。

将数字万用表从仪表库上拖到电路工作区时，只显示数字万用表图标，如图 4 - 19 所示。双击数字万用表图标，弹出数字万用表的控制面板，如图 4 - 20 所示。

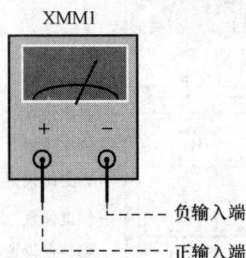

图 4 - 19 数字万用表的图标

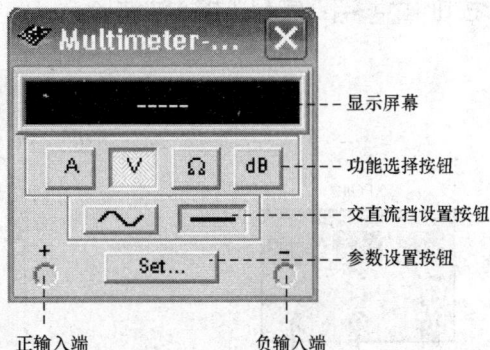

图 4 - 20 数字万用表的控制面板

数字万用表控制面板上有 1 个数字显示屏幕和 7 个按钮，如图 4 - 20 所示。按钮 A（电流）、按钮 V（电压）、按钮 Ω（电阻）、按钮 dB（分贝）是功能选择按钮，分别用来测量电流、电压、电阻和电路中两点之间的分贝损失。分贝损失定义为 dB＝20lg［(V_1-V_2)/分贝标准］，其中 V_1 表示接到高电位端的电位，V_2 表示接到低电位端的电位，计算 dB 的分贝标准预设为 1V，如果需要调整，可以通过单击 Setting 按钮来改变此值。按钮～（交流）、按钮—（直流）是交流挡和直流挡，在测量电压和电流时进行选择；按钮 Settings（设置）是用来设置数字万用表的参数，单击 Settings 按钮，弹出数字万用表参数设置对话框，如图 4 - 21 所示。各标签所对应的参数项介绍如下。

Ammeter resistance（R）：用于设置与电流表串联时的内阻，内阻大小将影响电流的测量精度。

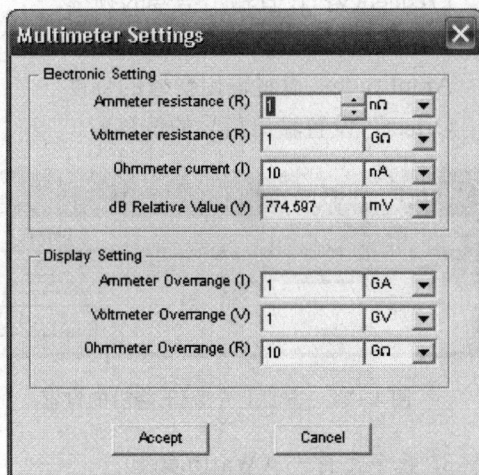

图 4 - 21 数字万用表参数设置对话框

Voltmeter resistance（R）：用于设置与电压表并联时的内阻，该内阻大小将影响电压的测量精度。

Ohmmeter current（I）：用于设置测量电阻时，流过数字万用表的电流。

MultiSIM 9.0 平台上的数字万用表具有自动量程转换功能，因此使用数字万用表时不用设定测量范围。

2. 函数信号发生器（Function Generator）

MultiSIM 9.0 提供的函数信号发生器是用来产生正弦波、三角波、方波信号的仪器。

将函数信号发生器从仪表库上拖到电路工作区时，只显示函数信号发生器图标，如图 4 -22所示。双击函数信号发生器图标，弹出函数信号发生器的控制面板，如图 4 - 23 所示。控制面板上有输出波形选择按钮和波形参数设置框，分别介绍如下。

按钮 ：表示选择正弦波波形。

按钮 ：表示选择三角波波形。

按钮 ：表示选择方波波形。

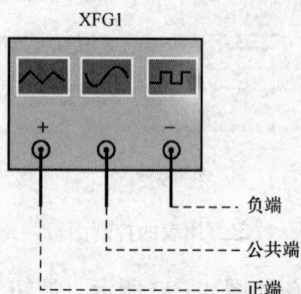

图 4 - 22　函数信号发生器的图标

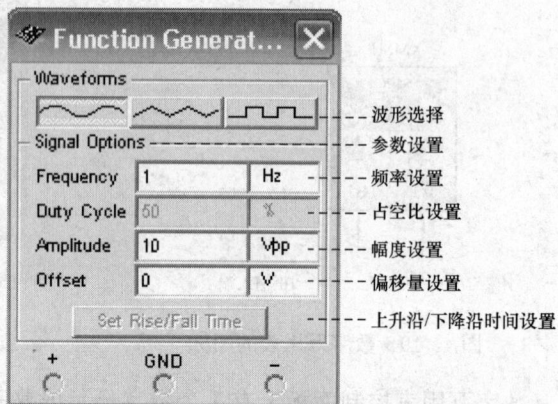

图 4 - 23　函数信号发生器的控制面板

Frequency：设置输出信号的频率。

Duty Cycle：设置输出方波和三角波电压信号的占空比。

Amplitude：设置输出信号的幅度。

Offset：设置输出信号的偏移量。

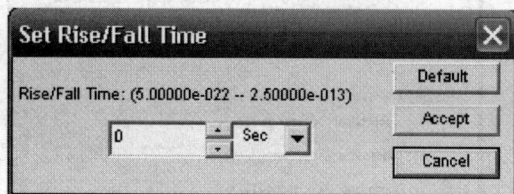

图 4 - 24　方波上升沿/下降沿的设置

Set Rise/Fall Time：设置上升沿/下降沿的时间，仅适用于方波信号，如图 4 - 24 所示。

函数信号发生器可以方便地为电路提供信号。根据测试的需要，可以选择适当的波形，同时对波形的参数可以进行设置。

函数信号发生器使用方法与实际函数信号发生器基本相同。

3. 数字瓦特表（Wattmeter）

MultiSIM 9.0 提供的数字瓦特表用于测量电路的交流和直流的有功功率和功率因数。将数字瓦特表从仪表库上拖到电路工作区时，只显示数字瓦特表图标，如图 4 - 25 所示。双击数字瓦特表图标，弹出数字瓦特表的控制面板，控制面板上有有功功率和功率因数的显示屏，如图 4 - 26 所示。

在使用数字瓦特表时应当注意，数字万用表的电压输入端应与测量电路并联，电流输入端应与测量电路串联。

4. 双踪示波器（Oscilloscope）

示波器是用来观察信号波形并测量信号幅度、频率、周期等参数的仪器。MultiSIM 9.0 软件提供的双踪示波器是一种可用不同颜色显示波形的示波器。

XWMI

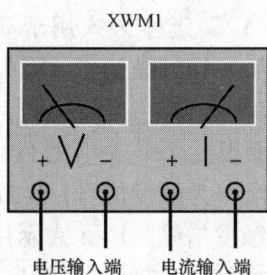

图 4-25　瓦特表的图标

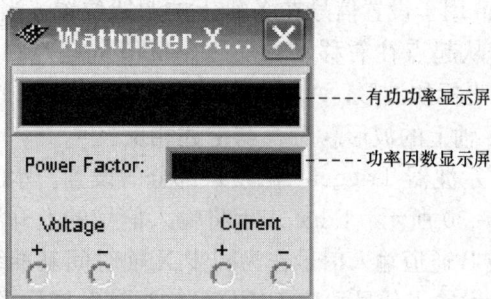

---- 有功功率显示屏

---- 功率因数显示屏

图 4-26　瓦特表的控制面板

将示波器从仪表库拖到电路工作区时，只显示示波器图标，如图 4-27 所示。双击示波器的图标，弹出示波器的面板，如图 4-28 所示。示波器的面板有两部分组成，上侧是示波器的显示屏幕；下侧是示波器的控制面板。示波器的控制面板又分为四部分：Time base（时间基准）部分、Trigger（触发）部分、Channel A（通道 A）部分和 Channel B（通道 B）部分。单击示波器控制面板上的各种功能按钮就可以设置示波器的各项参数。

XSC1

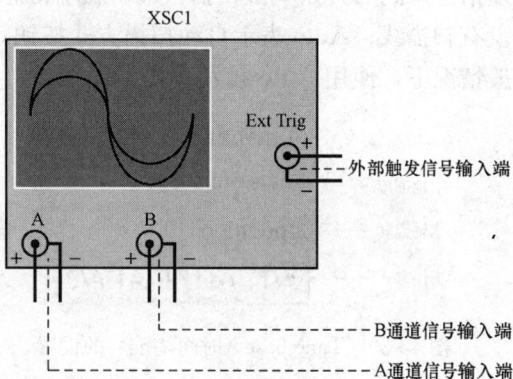

---- 外部触发信号输入端

---- B通道信号输入端

---- A通道信号输入端

图 4-27　示波器的图标

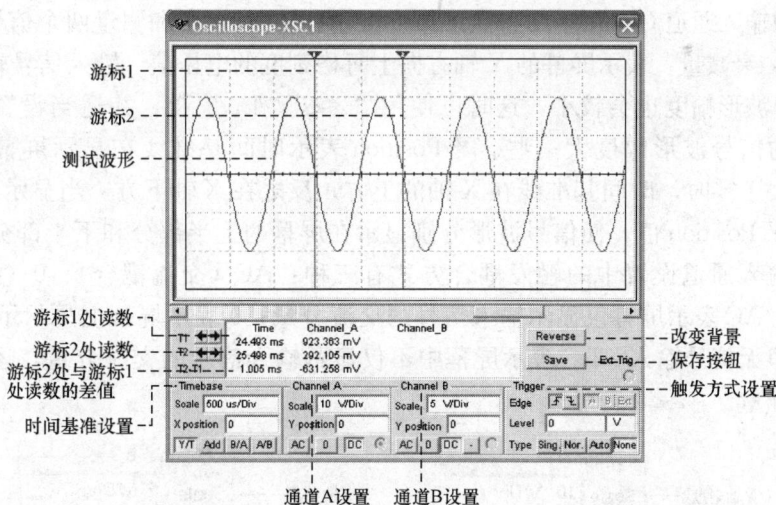

游标1

游标2

测试波形

游标1处读数

游标2处读数

游标2处与游标1处读数的差值

时间基准设置

改变背景

保存按钮

触发方式设置

通道A设置　通道B设置

图 4-28　示波器的面板

（1）示波器 Time base（时间基准）的设置。示波器控制面板上 Time base（时间基准）部分的设置如图 4-29 所示。Time base 用于设置示波器 X 轴刻度的数值。"××s/div"表示 X 轴上每一个刻度代表的时间。为了获得易观察的波形，时间基准的调整应与输入信号的频率成反比，即输入信号频率越高，时间基准就应越小些；反之，时间基准就应越大些。

X position 用于设置信号在 X 轴上的起始位置。当该值为 0 时，信号将从屏幕的左边开始显示，正值从起点往右移动；反之，负值从起点往左移动。Y/T 工作方式用于显示以时间 (t) 为横坐标的波形；A/B 工作方式用于将 B 通道信号作为 X 轴扫描信号，将 B 通道信号施加在 Y 轴上的波形。B/A 与上述相反。

（2）示波器 Trigger（触发）部分的设置。示波器控制面板上 Trigger（触发）部分的设置如图 4-30 所示。Edge 表示将输入信号的上升沿或下降沿作为触发信号；A 或 B 表示用 A 通道或 B 通道输入信号作为同步 X 轴时间基准线扫描的触发信号；Exit 表示用示波器图标上外触发输入信号端接入的信号作为触发信号来同步 X 轴时间基准线扫描。Level 用于设置触发电平；Sing 表示单次扫描方式按钮，按下该按钮后示波器处于单次扫描等待状态，触发信号来到后开始一次扫描；Nor 表示常态扫描方式按钮，这种扫描方式是没有触发信号就没有扫描线；Auto 表示自动扫描方式按钮，这种扫描方式不管有无触发信号均有扫描线，一般情况下，使用 Auto 触发方式。

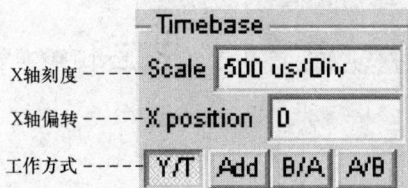

图 4-29 Time base（时间基准）的设置   图 4-30 Trigger（触发）的设置

（3）示波器 Channel A（通道 A）和 Channel B（通道 B）部分的设置。示波器控制面板上 Channel A（通道 A）和 Channel B（通道 B）部分的设置如图 4-31 所示。示波器有两个完全相同的输入通道 Channel A 和 Channel B，可以同时观察和测量两个信号。"××V/Div"为放大、衰减量，表示屏幕的 Y 轴方向上每格刻度的电压值。输入信号较小时，屏幕上显示的信号波形幅度也会较小，这时可使用"××V/Div"挡，并适当设置其数值，使屏幕上显示的信号波形幅度大一些。Y Position 表示时间基准线在显示屏幕上的上下位置。当其值大于零时，时间基准线在 X 轴的上方，反之在 X 轴下方。当显示两个信号时，可分别设置 Y Position 值，使信号波形分别显示在屏幕的上半部分和下半部分，易观察测量。示波器输入通道设置中的触发耦合方式有三种：AC（交流耦合）、0（接地）和 DC（直流耦合）。AC 表示屏幕仅显示输入信号的交流分量；0 表示屏幕上显示示波器 Y 轴的原点位置，即无信号输入；DC 表示屏幕中不仅显示输入信号的交流分量，还显示输入信号中的直流分量。

图 4-31 Channel（通道）的设置

5. 四通道示波器（4 Channel Oscilloscope）

MultiSIM 9.0 软件提供的四通道示波器使用方法和参数调整方式与双踪示波器的完全一

样，只是多了一个通道控制器按钮。

将四通道示波器从仪表库拖到电路工作区时，只显示示波器图标，如图 4-32 所示。双击四通道示波器的图标，弹出示波器的面板，如图 4-33 所示。

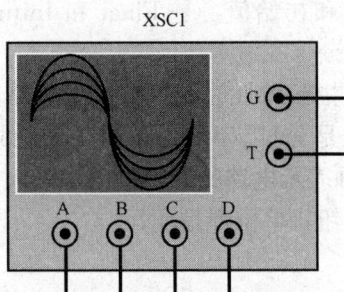

图 4-32 四通道示波器图标

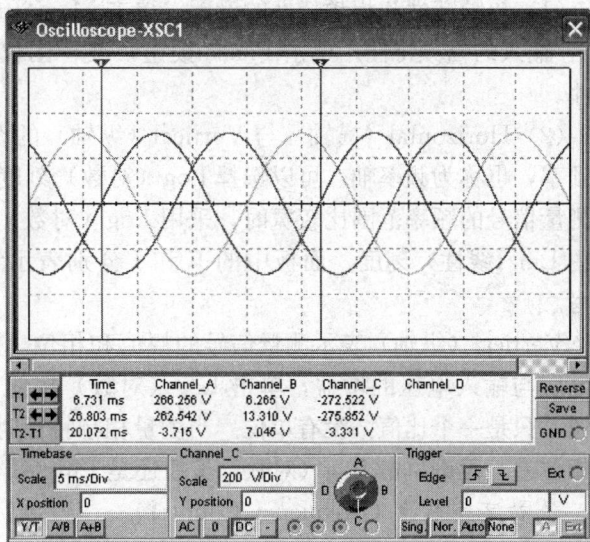

图 4-33 四通道示波器控制面板

6. 波特图仪 (Bode Plotter)

波特图仪是用来测量和显示电路幅频特性与相频特性的一种仪器。

幅频特性是指电路的输出电压与输入电压的增益，即 $A_V(f) = \dfrac{U_o(f)}{U_i(f)}$；

相频特性是指电路的输出电压与输入电压的相位差，即 $\varphi(f) = \varphi_o(f) - \varphi_i(f)$。

将波特图仪从仪表库拖到电路工作区时，只显示波特图仪图标，如图 4-34 所示。波特图仪有 IN（输入端）和 OUT（输出端）两对端口，其中 IN 端口的 V+端和 V-端分别接电路输入端的正端和负端；OUT 端口的 V+端和 V-端分别接电路输出端的正端和负端。

双击波特图仪的图标，弹出波特图仪的面板，如图 4-35 所示，左侧是波特图仪的显示屏幕，右侧是波特图仪的控制面板。波特图仪面板上可设置的主要参数介绍如下。

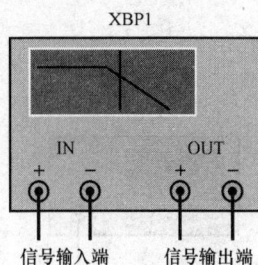

图 4-34 波特图仪的图标

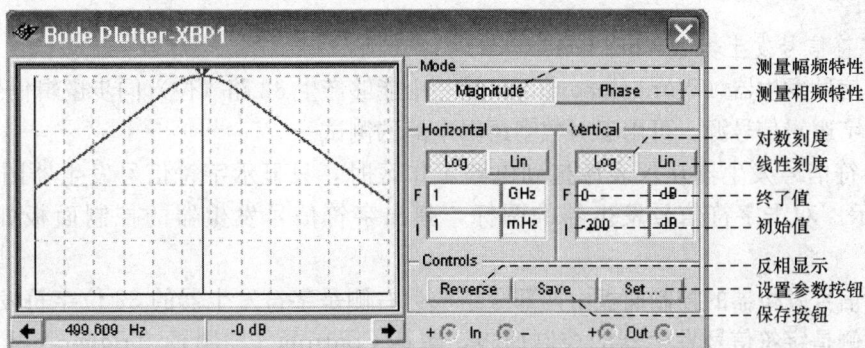

图 4-35 波特图仪的面板

（1）幅频特性和相频特性的设置。单击 Magnitude 按钮，波特图仪将在显示屏幕上显示输出/输入的幅频特性；单击 Phase 按钮，波特图仪将在显示屏幕上显示输出/输入的相频特性。

（2）Horizontal（横轴）与 Vertical（纵轴）的设置。Horizontal（横轴）表示测量信号的频率，也称为频率轴。可以选择 Log（对数）刻度，也可以选择 Lin（线性）刻度。一般，当测量信号的频率范围比较宽时，采用 Log（对数）刻度；当测量信号的频率范围适中时，采用 Lin（线性）刻度。面板中的 F 和 I 分别表示终了值和初始值，是 Final 和 Initial 的缩写。

Vertical（纵轴）表示测量信号的幅值和相位。当测量幅频特性时，纵轴表示电路的输出电压与输入电压的增益，单击 Log（对数）按钮，单位是分贝（dB）；单击 Lin（线性）按钮，只是一个比值，没有单位。当测量相频特性时，纵轴表示电路的输出电压与输入电压的相位差，无论单击 Log（对数）按钮还是 Lin（线性）按钮，单位都是度。

7. 数字频率计（Frequency Counter）

数字频率计主要用来测量信号的频率、周期、脉冲宽度、上升沿/下降沿时间的一种仪表。

将数字频率计从仪表库拖到电路工作区时，只显示数字频率计图标，如图 4-36 所示。数字频率计只有一个输入端子，只要将其连接到电路测量点即可使用。双击数字频率计的图标，弹出数字频率计的面板如图 4-37 所示。

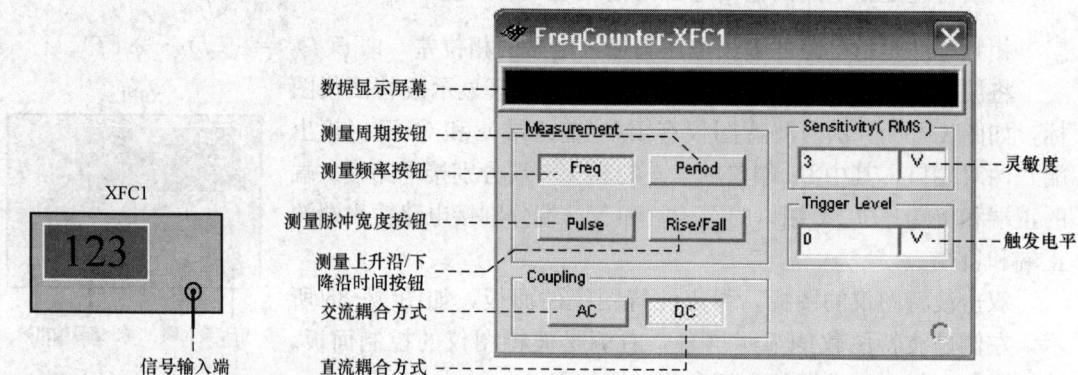

图 4-36　数字频率计图标　　　　　　图 4-37　数字频率计的面板

8. 字符信号发生器（Word Generator）

字符信号发生器（Word Generator）是一个能够产生 32 路（位）同步逻辑信号的仪器，又称为数字逻辑信号源，可用于对数字逻辑电路的测试。

将字符信号发生器从仪表库拖到电路工作区时，只显示字符信号发生器图标，如图 4-38所示。双击字符信号发生器的图标，弹出字符信号发生器的控制面板如图 4-39 所示。

字符信号发生器的控制面板由两部分组成：右侧是字符发生器的 32 位字符发生器编辑窗口；左侧是字符信号发生器的控制面板，包括 Controls（控制）、Trigger（触发）、Frequency（频率）、字符输入方式和字符输出控制方式。

字符信号发生器的控制面板的简单说明如下。

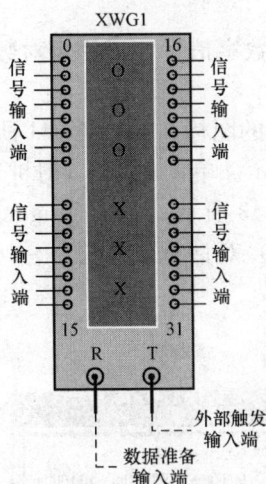

图4-38　字符信号
　　发生器图标

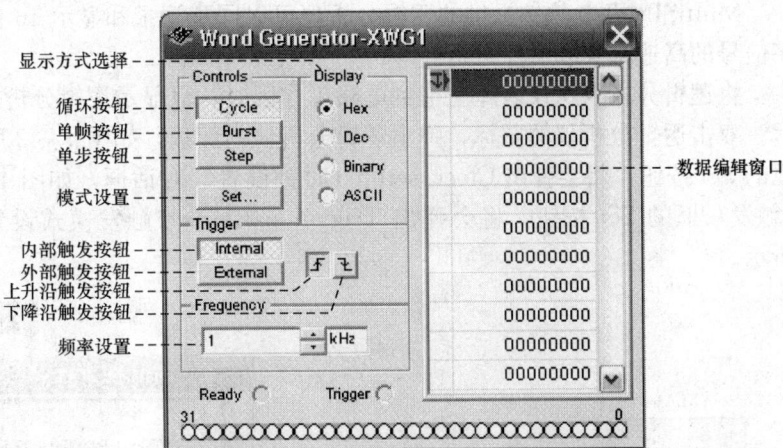

图4-39　字符信号发生器的控制面板

（1）Controls（控制）方式。

Cycle（循环）表示初始地址与终了地址之间的字符信号循环输出；

Burst（单帧）表示初始地址与终了地址之间的字符信号只输出一次；

Step（单步）表示鼠标每单击一次，输出一条字符信号；

Set（设置）设置信号产生的内容与方式，单击该按钮，弹出 Setting 对话框，如图4-40所示。

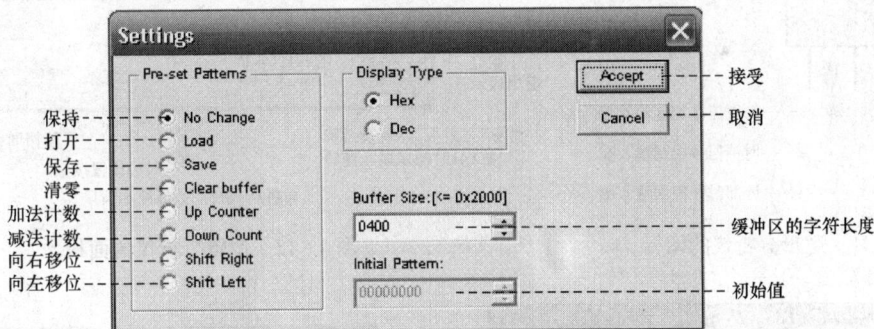

图4-40　Presaved patterns 对话框

　　（2）Trigger（触发）方式。可以设置的触发信号有 Internal（内部触发）和 External（外部触发）两种。当单击 Internal 按钮时，字符信号的输出直接受输出方式按钮 Cycle（循环）、Burst（单帧）和 Step（单步）的控制；当单击 External 按钮时，必须接入外部触发脉冲信号，而且还要选择 ⌐ （上升沿触发）按钮或者 ⌐ （下降沿触发）按钮，然后再单击输出方式按钮。注意只有当外部触发脉冲信号到来时才启动信号输出。

　　（3）Frequency（频率）的设置。Frequency（频率）只是用于设置输出字符信号的频率，频率单位设置为 Hz、kHz 或 MHz，根据需要而定。

9. 逻辑分析仪（Logic Analyzer）

MultiSIM 9.0 软件提供的逻辑分析仪可以同步记录和显示 16 位数字信号，可用于对数字信号的高速采集和时序分析。

将逻辑分析仪从仪表库上拖到电路工作区时，只显示逻辑分析仪的图标，如图 4-41 所示。双击逻辑分析仪的图标，弹出逻辑分析仪的面板，如图 4-42 所示。单击 Clock（时钟）框的 Set 按钮，将会弹出 Clock setup（时钟设置）对话框，如图 4-43 所示。单击 Trigger（触发）框的 Set 按钮，将会弹出 Trigger patterns（触发模式设置）对话框，如图 4-44 所示。

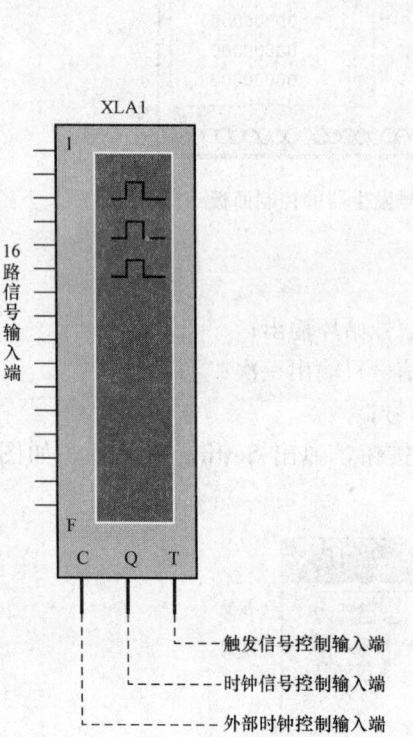

图 4-41　逻辑分析仪的图标

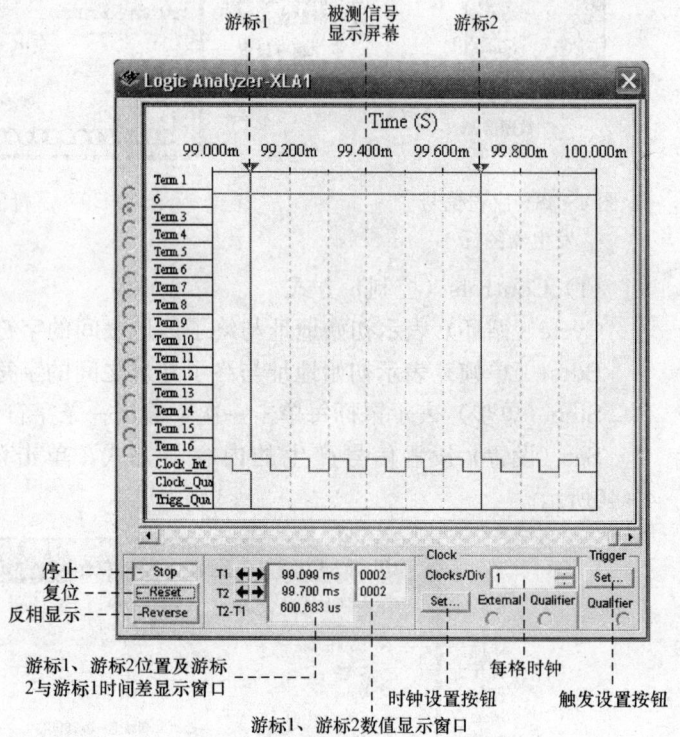

图 4-42　逻辑分析仪的面板

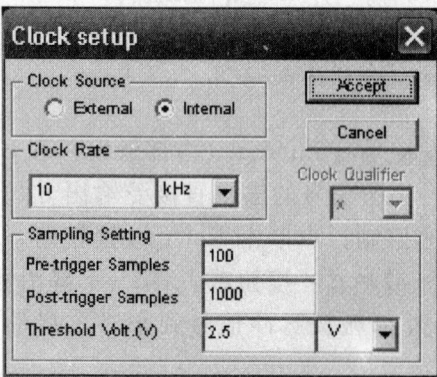

图 4-43　Clock setup 对话框

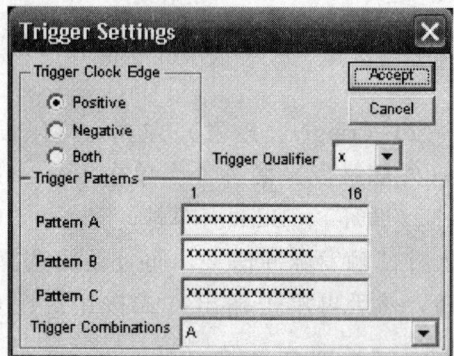

图 4-44　Trigger patterns 对话框

10. 逻辑转换仪（Logic Converter）

逻辑转换仪是一种实际中不存在的虚拟仪器。逻辑转换仪的功能是可以在逻辑图、真值表、逻辑表达式之间进行转换。

将逻辑转换仪从仪表库拖到电路工作区时，只显示逻辑转换仪图标，如图4-45所示。双击逻辑转换仪的图标，弹出逻辑转换仪的面板如图4-46所示。逻辑转换仪的简单使用介绍如下。

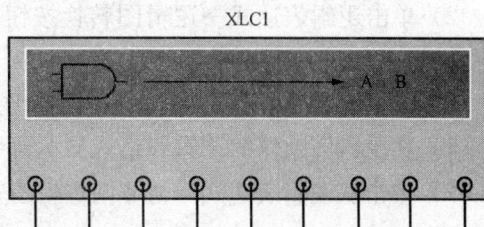

图4-45 逻辑转换仪的图标

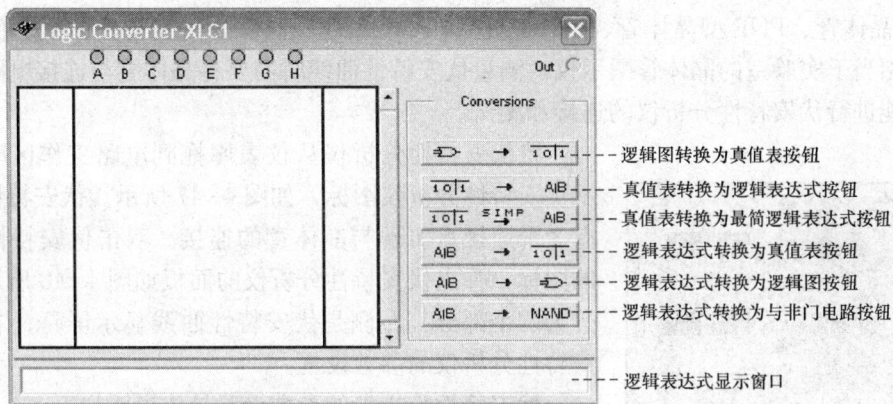

图4-46 逻辑转换仪的面板

（1）逻辑转换仪的调节。放大显示后的逻辑转换仪右边排列着一组按钮Conversions，该按钮用来控制所要完成的逻辑转换类型。

（2）将逻辑图转换为真值表。逻辑转换仪能将8个输入1个输出的逻辑图的真值表产生出来的，具体步骤如下。

1）把要转换的逻辑图的输入端、输出端分别接到逻辑转换仪图标的输入端与输出端；

2）单击逻辑图→真值表转换按钮 ▱ → 1o1i ，则逻辑图的真值表将显示在逻辑转换仪的左边。然后，可把它转换成其他形式。

（3）真值表转换为逻辑表达式。单击真值表→逻辑表达式转换按钮 1o1i → AIB ，将把显示在左边的真值表对应逻辑表达式显示在底部。然后，可以对其进一步化简。

（4）逻辑表达式化简。单击逻辑表达式化简按钮 1o1i SIMP AIB ，将把显示在左边的真值表对应的最简逻辑表达式显示在逻辑表达式显示窗口。

（5）逻辑表达式转换为真值表。逻辑表达式转换为真值表的具体步骤如下：

1）在逻辑转换仪的逻辑表达式显示窗口输入一个逻辑表达式；

2）单击逻辑表达式→真值表转换按钮 AIB → 1o1i ；

3）要化简逻辑表达式，先把该逻辑表达式转换为真值表，再点击逻辑表达式化简按钮 1o1i SIMP AIB 。

（6）逻辑表达式转换为逻辑图。逻辑表达式转换为逻辑图的具体步骤如下：

1）在逻辑转换仪的逻辑表达式显示窗口输入一个逻辑表达式，并将其进一步化简；

2）单击逻辑表达式→逻辑图转换按钮 AIB ➡ ⬚ ，则相应逻辑图将显示在工作区中。

（7）与非门逻辑图。生成与非门逻辑图的具体步骤如下：

1）在逻辑转换仪的逻辑表达式显示窗口输入一个逻辑表达式，并将其进一步化简；

2）单击从逻辑表达式→与非门逻辑图转换按钮 AIB ➡ NAND ，则相应的由与非门组成的逻辑图将显示在工作区中。

11. 伏安特性分析仪（IV Analyzer）

伏安特性分析仪是一种专门用来分析晶体管的伏安特性曲线的仪表，如分析二极管、NPN 型晶体管、PNP 型晶体管、NMOS 管和 PMOS 管等器件的伏安特性曲线。伏安特性分析仪相当于实验室的晶体管图示仪，测量伏安特性曲线时需要将晶体管与连接电路完全断开，才能进行伏安特性分析仪的连接和测试。

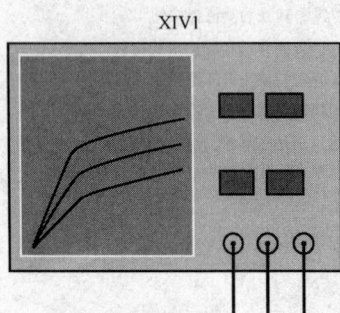

图 4-47 伏安特性分析仪的图标

将伏安特性分析仪从仪表库拖到电路工作区时，只显示伏安特性分析仪图标，如图 4-47 所示。伏安特性分析仪有 3 个连接点实现与晶体管的连接。双击伏安特性分析仪的图标，弹出伏安特性分析仪的面板如图 4-48 所示。面板分为两个部分：左侧是伏安特性曲线显示屏幕；右侧是伏安特性分析仪的参数设置。

伏安特性分析仪的参数设置具体说明如下。

（1）Components 选项组：元器件类别选择，可选择 Diode、BJT PNP、BJT NPN、PMOS 或 NMOS，一旦选定器件类别，其端子连接方式就会出现在下部的端子定义框中。

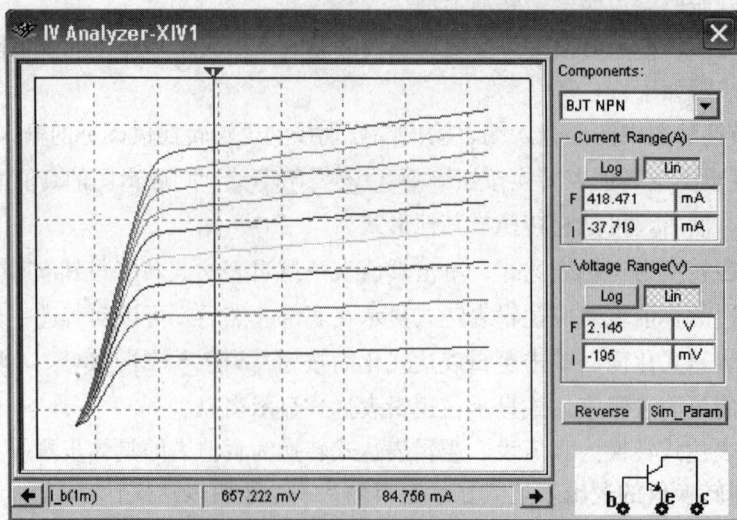

图 4-48 伏安特性分析仪的面板

（2）Current Range（A）选项组：显示的电流范围，即曲线显示屏幕的 Y 坐标范围，I 为初始电流值，F 为终了电流值，选择 Lin 或 Log，即选择 Y 坐标是线性刻度或对数刻度。

（3）Voltage Range（V）选项组：显示的电压范围，即曲线显示屏幕的 X 坐标范围，I 为初始电压值，F 为终了电压值，选择 Lin 或 Log，即选择 X 坐标是线性刻度或对数刻度。

（4）Reverse 按钮：曲线显示屏幕背景色为黑色还是为白色的选择按钮。

（5）SIM _ Param 按钮：仿真参数设置，根据所选类别，分别设置各参数。

二极管类：选择 Diode 后，点击 SIM _ Param 按钮，弹出 Diode 参数设置对话框，如图 4 - 49 所示。

BJT 管类：选择 BJT PNP 或 BJT NPN 后，点击 SIM _ Param 按钮，弹出 BJT PNP 或 BJT NPN 参数设置对话框，如图 4 - 50 所示。

MOS 管类：选择 PMOS 或 NMOS 后，点击 SIM _ Param 按钮，弹出 PMOS 或 NMOS 参数设置对话框，如图 4 - 51 所示。

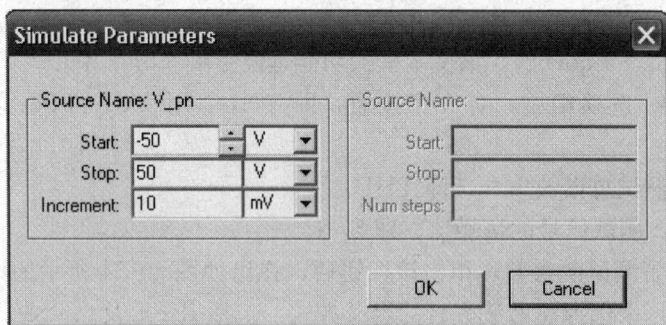

图 4 - 49 Diode 参数设置对话框

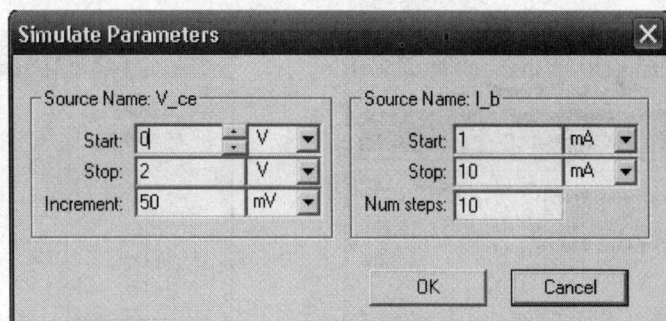

图 4 - 50 BJT PNP 或 BJT NPN 参数设置对话框

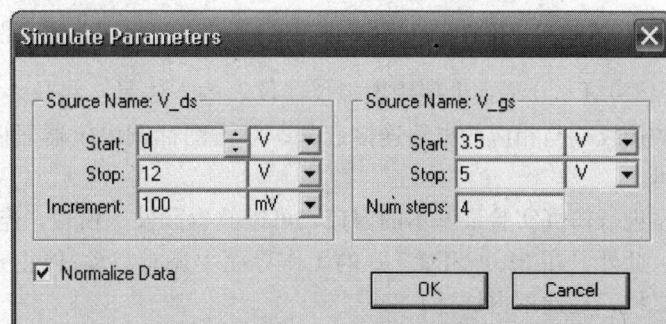

图 4 - 51 PMOS 或 NMOS 参数设置对话框

12. 失真分析仪 (Distortion Analyzer)

失真特性分析仪是一种专门用来测量电路的信号失真度的仪表。

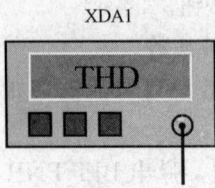

XDA1

将失真分析仪从仪表库拖到电路工作区时,只显示失真分析仪图标,如图 4-52 所示。失真分析仪只有 1 个接线端,使用时与电路的测量端相连接。双击失真分析仪的图标,弹出失真分析仪的面板如图 4-53 所示。

图 4-52　失真分析仪的图标

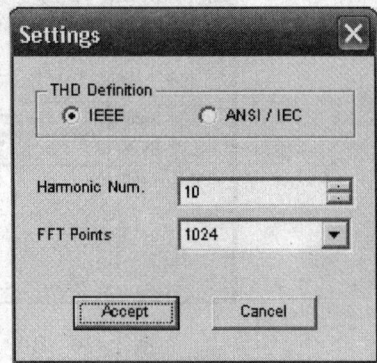

失真分析仪面板的参数及设置具体说明如下:

(1) Total Harmonic Distortion (THD),该文本框显示总谐波失真的值,该值可以用百分数表示,也可以用分贝数表示,可通过点击 Display 选项组中的％按钮或 dB 按钮选择。

(2) Fundamental Frequency,该文本框的功能是设置基频。

(3) Resolution Frequency,该文本框的功能是设置频率分辨率。

(4) 在 Control 选项组中,有 3 个按钮,即 THD、SINAD 和 Set 按钮,其功能介绍如下。

THD 按钮:测试总谐波失真,即 THD。

SINAD 按钮:测试信号的信噪比,即 S/N。

Set 按钮:设置测试的参数,单击该按钮后,弹出如图 4-54 所示的设置对话框。THD Definition 选项组用来选择总谐波失真的定义方式,包括 IEEE 及 ANSI/IEC 两种定义方式。Harmonic Num. 文本框用来设置谐波次数,FFT Points 下拉列表框用来设置进行谐波分析的取样点数。

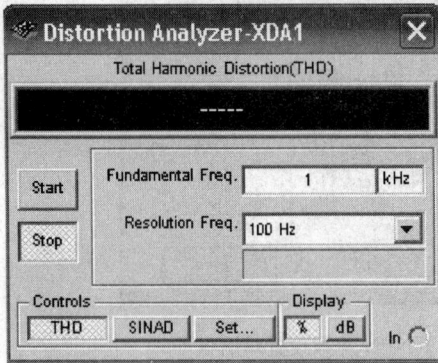

图 4-53　失真分析仪的面板　　　　图 4-54　设置测试的参数对话框

总之,在 MultiSIM 9.0 平台上使用虚拟仪器仪表的方法是:将仪表的图标拖到平台的工作区;把仪表的接线端与相应的电路连接起来;双击图标调出仪器面板,设置有关参数;点击仿真按钮即可。

电路工作区是进行仿真实验最基本的窗口,可以放置元件、仪表,连接电路以及对电路进行及时的修改。此外,在 MultiSIM 9.0 的工作界面中还有启动/停止开关、暂停/恢复按钮、状态栏等工具栏,在此不再详述。

实验二十　MultiSIM 9.0 的主要分析功能

MultiSIM 9.0 可以对模拟、数字和混合电路进行电路的性能仿真和分析。其分析方法和元器件库的模型均都是以 Spice 程序为基础，当使用者创建一个电路图，并点击仿真运行按钮后，就可以从示波器等测试仪表上得到电路的被测数据或波形。实际上，这个过程是 MultiSIM 9.0 软件通过计算电路的数学表达式而求得数值解，然后根据该数值绘制波形。电路中的每个元器件，都有其设定的数学模型，因此，这些元器件模型的精度，就决定了电路仿真结果的精度。采用 MultiSIM 9.0 软件进行仿真实验，其整个运行过程可分为以下四个步骤。

（1）创建电路：输入用户所要创建的电路图、元器件数值，选择分析方法。

（2）参数设置：程序检查输入数据的结构和性质以及电路中的描述内容，对参数进行设置。

（3）电路分析：对输入信号进行分析，它将占据 CPU 工作的大部分时间，是电路进行仿真和分析的关键。它将形成电路的数值解，并将所得数据送至输出级。

（4）数据输出：从测试仪器如示波器等上获得仿真结果。也可以从 Analysis/Display Graph（分析栏中的分析显示图）中看到测量、分析的波形图。

MultiSIM 9.0 有十几种分析功能，下面介绍几种常用的分析操作过程。

一、直流工作点分析

直流工作点分析（DC Operating Point Analysis）也称为静态工作点分析，电路的直流分析是在电路中的电容开路、电感短路的情况下计算电路的直流工作点，即在恒定激励条件下求电路的稳态值。在电路工作时，无论是大信号还是小信号，都必须给半导体器件以正确的偏置，分析电路中的电压和电流。了解电路的直流工作点，才能进一步分析电路在交流信号作用下能否正常工作，因此求解电路的直流工作点在电路分析过程中至关重要。

直流工作点分析主要是对创建电路的直流通路进行分析，分析步骤如下。

（1）在电子工作台主窗口的电路工作区创建仿真电路，如图 4 - 55 所示。

（2）点击菜单栏中的 Options/ Sheet Properties 菜单命令，或者在电

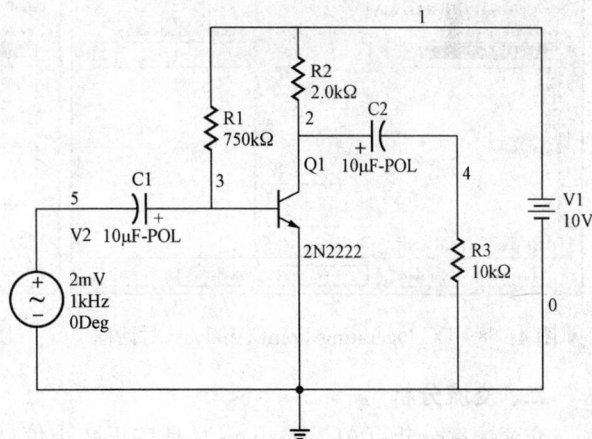

图 4 - 55　直流工作点的分析仿真电路

路工作区点击右键弹出如图 4 - 56 所示的菜单命令，选择 Properties 命令，显示 Sheet Properties 属性对话框，如图 4 - 57 所示。选择 Circuit 选项卡，可以对所创建的电路进行设置。

（3）单击菜单栏中的 Simulate/Analysis/DC Operating Point 菜单命令，或者单击主工具栏中的 Grapher/Analysis List 按钮中的下三角按钮，在下拉菜单中选择 DC Operating

Point 菜单命令，弹出 DC Operating Point Analysis 对话框，如图 4 - 58 所示，使用 Add 按钮，从 Variables in circuit 列表框中，将需要分析的电路节点，添加到 Selected Variables for 列表框中，进行分析，如图 4 - 59 所示。测试结果如图 4 - 60 所示。

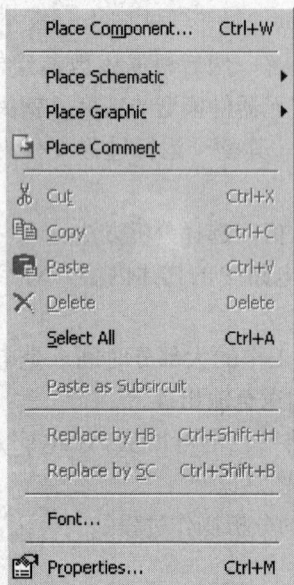

图 4 - 56　快捷菜单命令

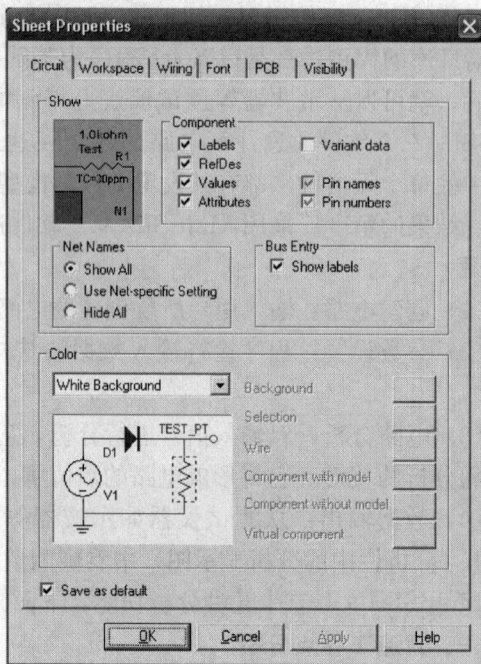

图 4 - 57　Sheet Properties 属性对话框

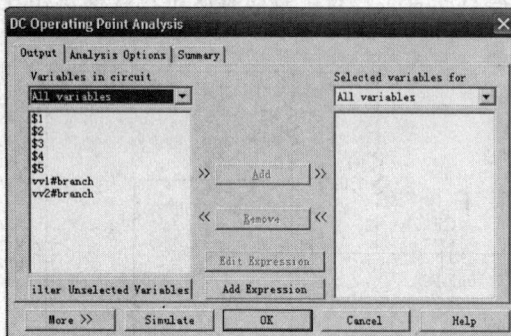

图 4 - 58　DC Operating Point Analysis 对话框

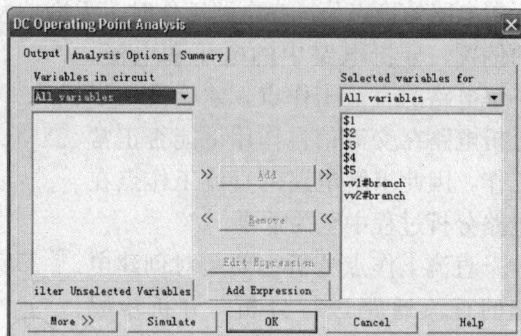

图 4 - 59　添加节点的 DC Operating Point Analysis 对话框

二、交流分析

交流频率分析（AC Analysis）是在正弦小信号工作条件下的一种频域分析，它计算电路的幅频特性和相频特性，是一种线性分析方法。MultiSIM 9.0 在进行交流频率分析时，首先分析电路的直流工作点，并在直流工作点处对各个非线性元件作线性化处理，得到线性化的交流小信号等效电路计算电路输出交流信号的变化。在进行交流频率分析时，电路中的直流电源将自动置零，交流信号源、电容、电感等元器件均设置为交流模式；同时，电路工作区中自行设置的输入信号将被忽略，也就是说，无论论电路的信号源设置的是三角波信号还是方波信号，进行交流频率分析时，MultiSIM 9.0 都将自动设置为正弦波信号，分析电

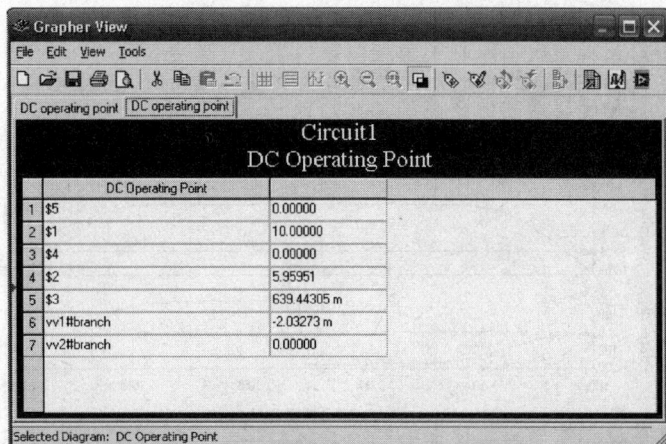

图 4-60　直流工作点分析仿真结果

路随正弦波信号频率变化的频率响应曲线。

交流频率分析的步骤如下。

（1）在电子工作台主窗口上的电子工作区创建需进行分析的电路，如图 4-56 所示。

（2）单击菜单栏中的 Simulate/Analysis/AC Analysis 菜单命令，或者单击主工具栏中的 Grapher/Analysis List 按钮中的下三角按钮，在下拉菜单中选择 AC Analysis 菜单命令，弹出 AC Analysis 对话框，如图 4-61 所示。

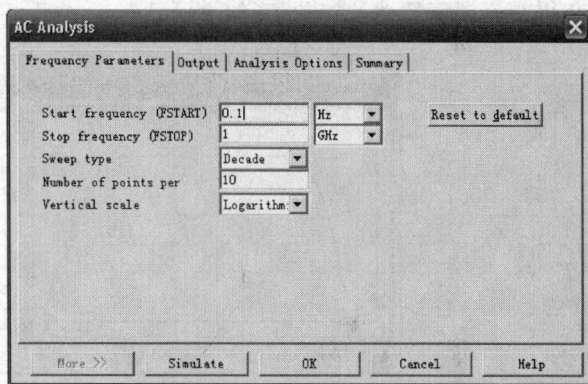

图 4-61　AC Analysis 对话框中 Frequency Parameters 选项卡

（3）在 AC Analysis 对话框中，选择 Frequency Parameters 选项卡，设置 Start frequency（FSTART）（起始频率）、Stop frequency（FSTOP）（终点频率）、Sweep type（扫描形式）、Number of points per（显示点数）和 Vertical Scale（纵轴尺度）等参数。

（4）在 AC Analysis 对话框中，选择 Output 选项卡，设置需要分析的节点，如图 4-62 所示。

（5）单击仿真运行按钮，即可在工作区中显示待分析节点幅频特性和相频特性曲线，如图 4-63 所示。

（6）再单击仿真运行按钮，停止仿真实验。

从交流频率分析的结果可以看

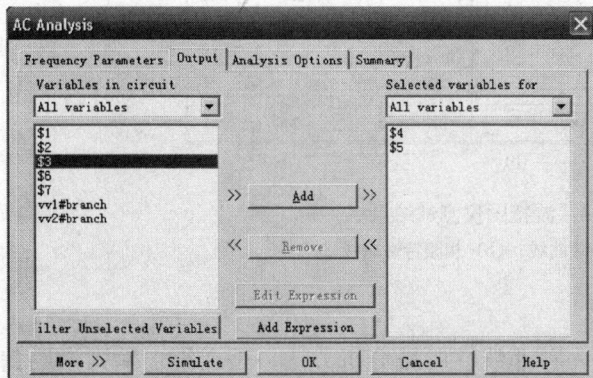

图 4-62　AC Analysis 对话框中 Output 选项卡

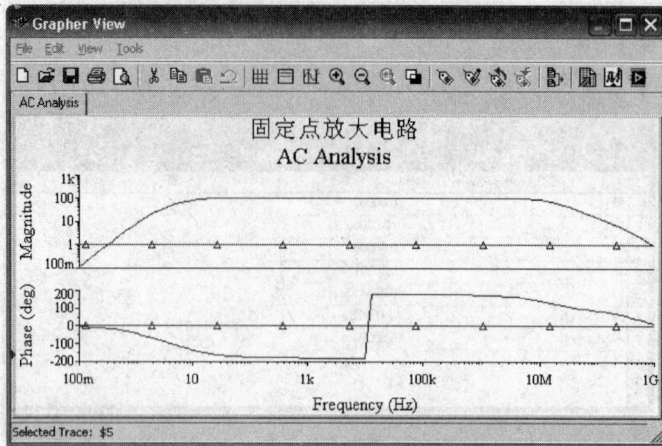

图 4-63　幅频特性和频率特性曲线

出，仿真结果显示为幅频特性和相频特性两条曲线。如果用波特图仪连至电路中，同样也可以获得交流频率特性，如图 4-64 所示。

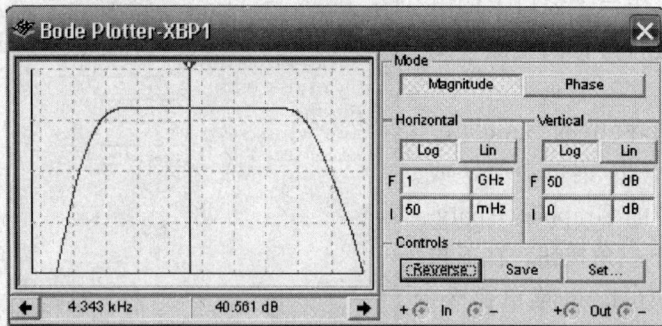

(a)

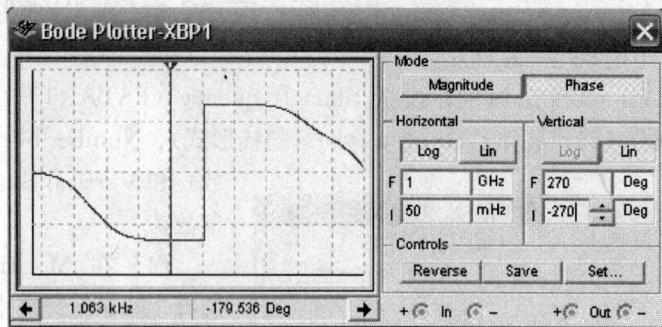

(b)

图 4-64　波特图仪测试结果

(a) 幅频特性曲线；(b) 相频特性曲线

三、暂态分析

暂态分析（Transient Analysis）是一种非线性时域分析方法，是在给定输入激励信号时，分析电路输出端的暂态响应。在进行暂态分析时，首先计算电路的初始状态，然后从初始时刻起，到某个给定的时间范围内，选择合理的时间步长，计算输出端在每个时间点的输出电压。

暂态分析的步骤如下。

(1) 在电子工作台主窗口上的电子工作区创建需进行分析的电路，如图 4 - 55 所示。

(2) 单击菜单栏中的 Simulate/Analysis/Transient Analysis 菜单命令，或者单击主工具栏中的 Grapher/Analysis List 按钮中的下三角按钮，在下拉菜单中选择 Transient Analysis 菜单命令，弹出 Transient Analysis 对话框，如图 4 - 65 所示。

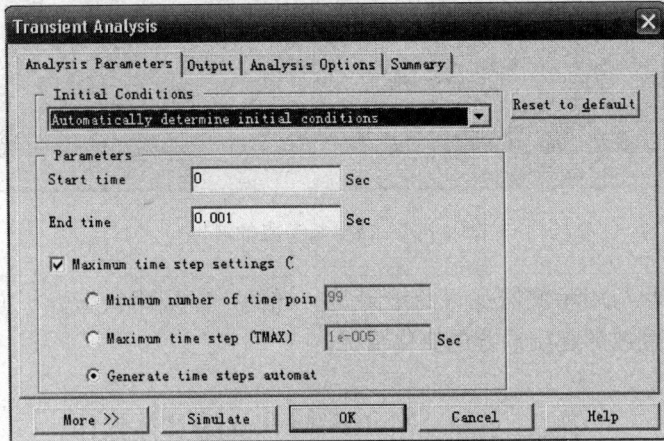

图 4 - 65　Transient Analysis 对话框

(3) 在 Transient Analysis 对话框中，选择 Analysis Parameters 选项卡，设置 Start time（起始时间）、End time（结束时间）参数，如图 4 - 65 所示。

(4) 在 Transient Analysis 对话框中，选择 Output 选项卡，设置需要分析的节点，如图 4 - 66 所示。

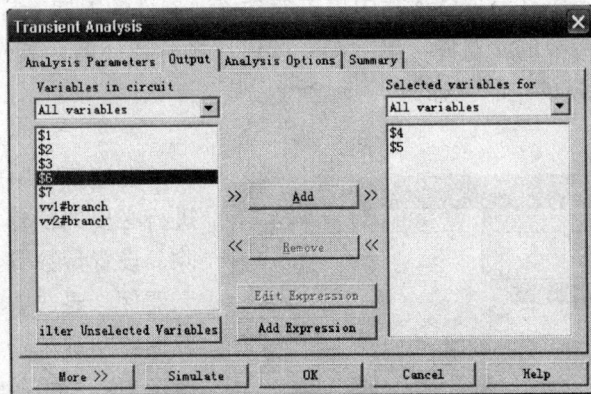

图 4 - 66　Transient Analysis 对话框中的 Output 选项卡

(5) 单击仿真运行按钮，即可在 Grapher View 对话框中显示待分析节点波形，如图 4 - 67所示。

(6) 再单击仿真运行按钮，停止仿真实验。

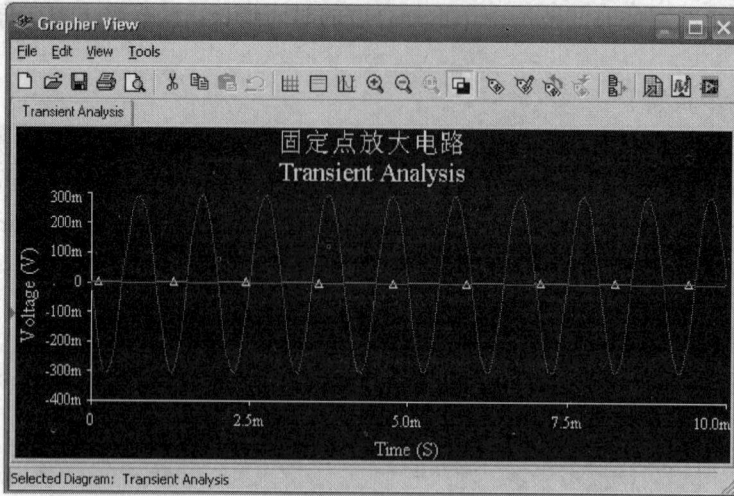

图 4-67　待分析节点的波形

瞬态分析的结果与用示波器观察的结果是一样的，但采用暂态分析方法，可以通过设置，更仔细地观察到波形起始部分的变化情况。

实验二十一　MultiSIM 9.0 的具体操作

一、电路的创建

电路是由元器件与导线组成的，要创建一个电路，必须掌握元器件的操作和导线的连接方法。

（一）元器件的操作

1. 元器件的选用

选用元器件时，首先在元器件库栏中单击包含该元器件的图标，打开该元器件库。然后从元器件库中选择所需要的元器件，单击 OK 按钮，将所选择的元器件放到了电路工作区。在电路工作区放置 1kΩ 的电阻，如图 4-68 所示。

2. 选中元器件

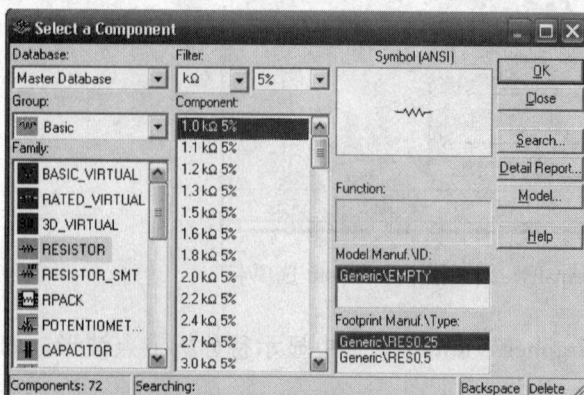

图 4-68　选择元器件对话框

在连接电路时，常常要对元器件进行必要的操作，有移动、旋转、删除、设置参数等，这首先需要选中该元器件。要选中某个元器件，可使用鼠标器左键单击该元器件。如果要一次选中多个元器件，可反复使用 Shift＋"鼠标左键单击"这些元件。被选中的元器件用矩形框标注，便于识别。此外，拖动某个元器件也同时选中了该元器件。如果要同时选中一组相邻的元器件，可在电路工作区的适当位置按住鼠标左键，移到鼠标，画出一个矩形区域，包围在该矩形区域内的元器件将同时被选中。

要取消某一个元器件的选中状态，可以使用 Shift＋"鼠标左键单击"。要取消所有被选中元器件的选中状态，只需单击电路工作区的空白部分即可。

3. 元器件的移动

要移动一个元器件，先选中该元器件，然后拖动该元器件即可。要移动一组元器件，先选中这些元器件，然后用鼠标左键拖曳其中任意一个元器件，所有选中的部分就会一起移动。元器件一起移动后，与其相连的导线就会自动重新排列。选中元器件后，也可以使用方向键使之做微小的移动。

4. 元器件的方向调整

为了使电路便于连接，布局合理，常常需要对元器件进行调整操作。先选中该元器件，然后单击菜单栏 Edit/Orientation 命令，弹出命令对话框，如图 4 - 69 所示，或者直接用鼠标右键单击该元器件弹出快捷菜单，如图 4 - 70 所示，对元器件进行放置方向调整。

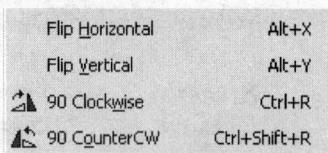

5. 元器件的剪切、复制、粘贴、删除

对选中的元器件，使用 Edit/Cut（编辑/剪切）、Edit/Copy（编辑/复制）和 Edit/Paste（编辑/粘贴）、Edit/Delete（编辑/删除）等菜单命令，可以分别实现元器件的剪切、复制、粘贴、删除等操作。另外，也可以使用工具栏上的按钮进行元器件的剪切、复制、粘贴等操作，或者用鼠标右键单击该元器件弹出快捷菜单，如图 4 - 70 所示，对元器件进行剪切、复制、粘贴、删除等操作。

Flip Horizontal	Alt+X
Flip Vertical	Alt+Y
90 Clockwise	Ctrl+R
90 CounterCW	Ctrl+Shift+R

图 4 - 69　Edit/Orientation
命令对话框

6. 元器件参数的设置

在选中元器件后，单击菜单命令 Edit/Properties，或者双击该元器件，就会弹出该元器件的属性对话框，如图 4 - 71 所示，可对该元器件进行参数设置。

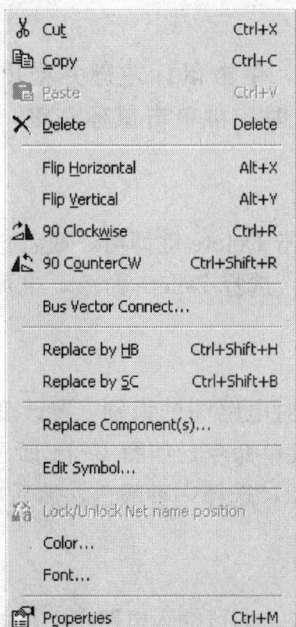

图 4 - 70　快捷菜单

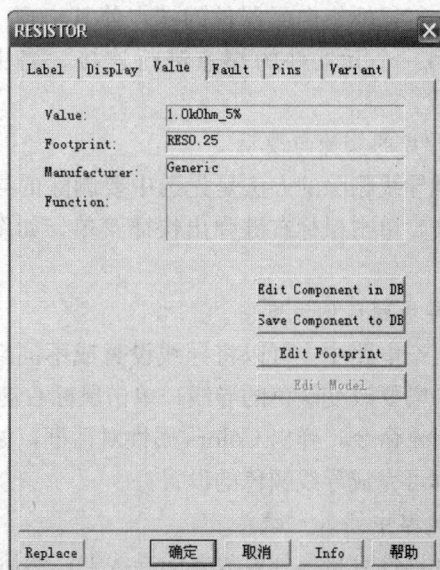

图 4 - 71　电阻元件属性对话框

7. 电路图选项的设置

在电路工作区单击鼠标右键，调出如图 4 - 72 所示的快捷菜单，选择 Properties 命令，或者选择 Options/Sheet Properties 菜单命令，弹出电路图选项对话框，如图 4 - 73 所示，对电路图进行参数设置。

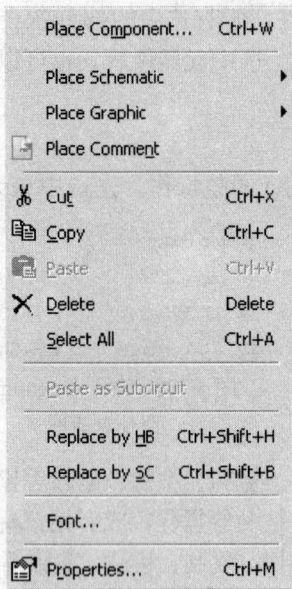

图 4 - 72　快捷菜单

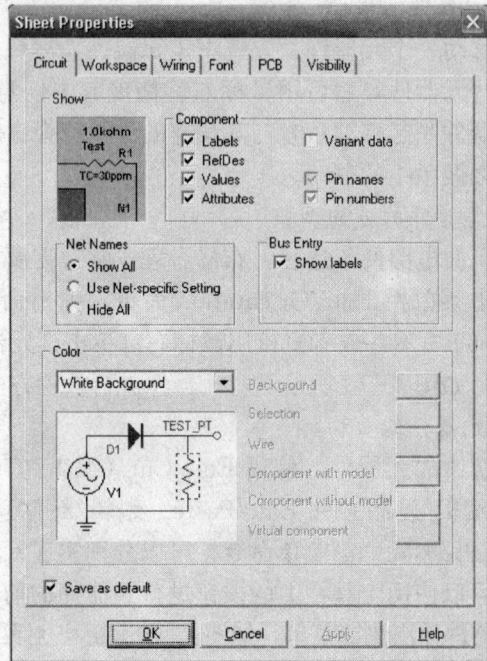

图 4 - 73　Sheet Properties 属性对话框

（二）导线的操作

1. 导线的连接

首先将鼠标指向元器件的端点使其出现一个小黑圆点，单击鼠标左键并拖出一根导线，向另一个元器件的端点进行连接，当出现小黑圆点时，再单击鼠标左键，则导线连接完成。

2. 导线的删除与改动

实现导线删除的方法是先选中要删除的导线，然后单击 Delete 键即可，或者选中要删除的导线，单击鼠标右键弹出快捷菜单，如图 4 - 74 所示，选择 Delete 命令，也可以删除导线。

3. 导线颜色的设置

在复杂电路中，可以将导线设置成不同颜色，以助于对电路图的识别。要改变导线颜色，选中需要改变颜色的导线，单击鼠标右键，弹出快捷菜单命令，如图 4 - 74 所示，选择 Wire Color 命令，弹出 Colors 属性对话框，如图 4 - 75 所示，选择一种颜色，然后单击 OK 按钮，即可完成导线颜色的设置。

4. 电路中插入元器件

将元器件直接拖到要放置的导线上，然后释放该元器件，即可插入电路中。例如在电路中插入电容，如图 4 - 76 所示。

图 4-74　快捷菜单

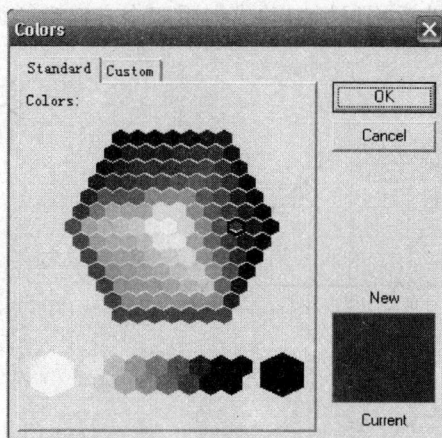

图 4-75　Color 属性对话框

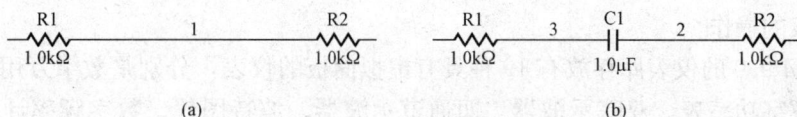

图 4-76　电路中插入元器件

(a) 原图；(b) 插入电容

5. 电路中删除元器件

电路中删除元器件的方法有：

(1) 选中元器件，按下 Delete 键盘；

(2) 选中元器件，单击鼠标右键，弹出下拉菜单，选择 Delete 命令；

(3) 选中元器件，使用菜单栏中的 Edit/Delete 命令。

6. 节点的使用

节点就是一个小黑圆点，是电路中的一个连接点。当电路的连接导线成 T 形交叉时，节点自动生成；当电路的连接导线成十字形交叉时，是否存在节点，需要进行放置。放置节点的方法是：单击菜单命令 Place/Junction，或者在电路工作区单击鼠标右键，就会弹出快捷菜单命令，如图 4-72 所示，选择 Place Schematic 命令，弹出下一级菜单命令，如图 4-77 所示，在选择 Junction 命令，即可完成电路节点的放置。

一个导线的节点最多可以连接来自四个方向的导线，如图 4-78 所示。

7. 弯曲导线的调整

如图 4-79 所示的电路，元器件位置与导线不在一条直线上就会产生导线弯曲。为了绘制的电路图整齐、美观，需要对导线进行调整。调整的方法是：选中电路

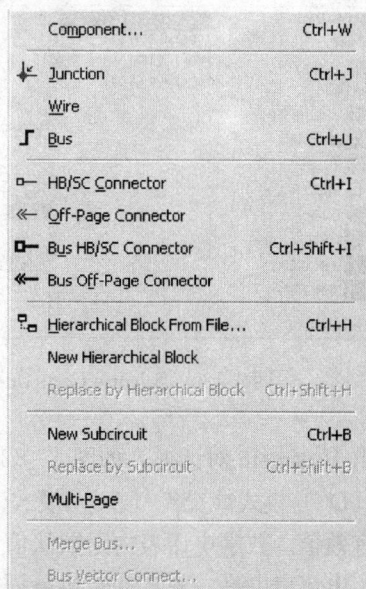

图 4-77　快捷菜单

元器件，然后用鼠标拖动或利用四个方向键微调元器件的位置，使导线变直。

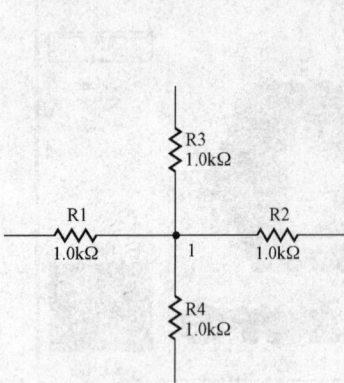

图 4-78 节点的操作

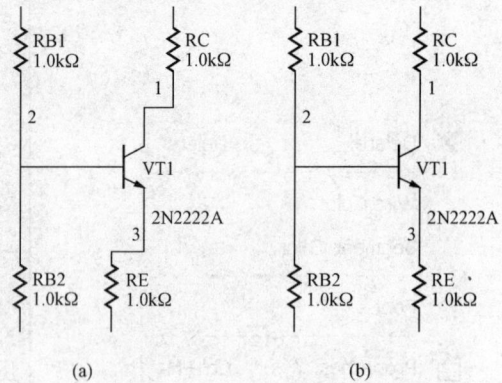

(a)   (b)

图 4-79 弯曲导线的调整
(a) 调整前；(b) 调整后

二、仪表的操作

MultiSIM 9.0 的仪表库存放有 19 种具有虚拟面板的仪表，分别是数字万用表、函数信号发生器、数字功率表、双踪示波器、四通道示波器、波特图仪、数字频率计、字符发生器、逻辑分析仪、逻辑转换仪、伏安特性分析仪、失真分析仪、频谱分析仪、网络分析仪、Agilent 函数发生器、Agilent 数字万用表、Agilent 示波器、Tektonix 示波器、LabView 虚拟仪器、测量探针等。在连接电路时，仪表以图标方式存在，需要观察测试数据与波形或者需要设置仪器参数时，可以双击仪表图标，弹出仪表面板。

这些虚拟仪表可以完成对电路的电压、电流、电阻及波形等物理量的测量，使用灵活方便，不用维护。虚拟仪表还有许多实际仪表所不具备的功能，如双击仪表图标，弹出仪表面板就可以进行参数设置。

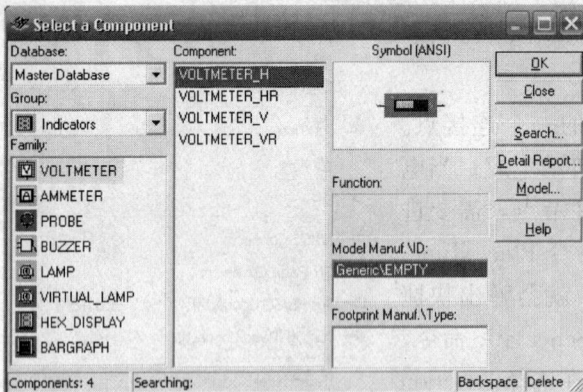

图 4-80 Select a Component 对话框

此外 MultiSIM 9.0 软件在指示器件库中提供了电压表和电流表。选择的方法是单击元器件库工具栏中的 图 按钮，弹出 Select a Component 对话框，如图 4-80 所示，选择电压表或电流表，然后在 Component 栏选择适合电路连接的电压表或电流表，单击 OK 按钮就放置到电路工作区了。

电压表是一种自动转换量程、直流和交流两用的数字电压表，图标如图 4-81 所示。双击数字电压表图标，弹出 Voltmete 对话框，如图 4-82 所示，然后单击测量模式（Mode）下拉框按钮，选择直流（DC）模式或交流（AC）模式。当设置为交流（AC）模式时，数字电压表显示交流电压有效值。数字电压表内阻默认值设为 10MΩ。参数设置完成后单击确定按钮。

电流表也是一种自动转换量程、直流和交流两用的数字流表，图标如图 4-83 所示。双击数字电流表的图标，弹出 Ammeter 对话框，如图 4-84 所示。根据 Ammeter 对话框可对

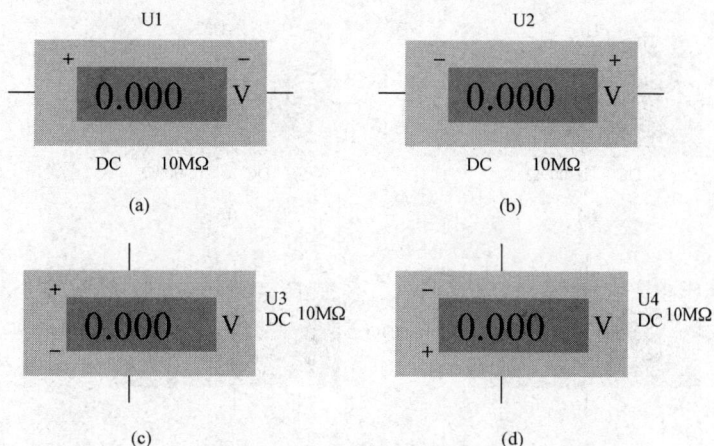

图 4 - 81　数字电压表图标

(a) VOLTMETER_H；(b) VOLTMETER_HR；(c) VOLTMETER_V；(d) VOLTMETER_VR

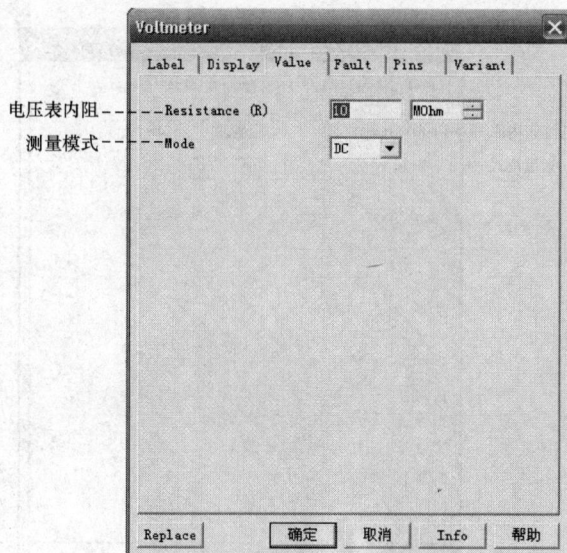

图 4 - 82　Voltmeter 对话框

数字电流表进行工作模式的设置，设置方法与数字电压表的相同。

三、电子电路的仿真操作过程

电子电路的仿真通常可按下列步骤进行。

1. 电路图的创建

（1）元器件的选用。单击元器件所在的工具栏，将所需的电路元器件拖入到电路工作区。

（2）元器件的旋转。由于连线的需要，元器件的方向需要进行旋转，使绘制出的电路图整齐、美观。

（3）元器件间的连线。将鼠标指向元器件的端点使其出现一个小黑圆点，单击鼠标左键并拖出一根导线，向另一个元器件的端点进行连接，当出现小黑圆点时，再单击鼠标右键，

U1

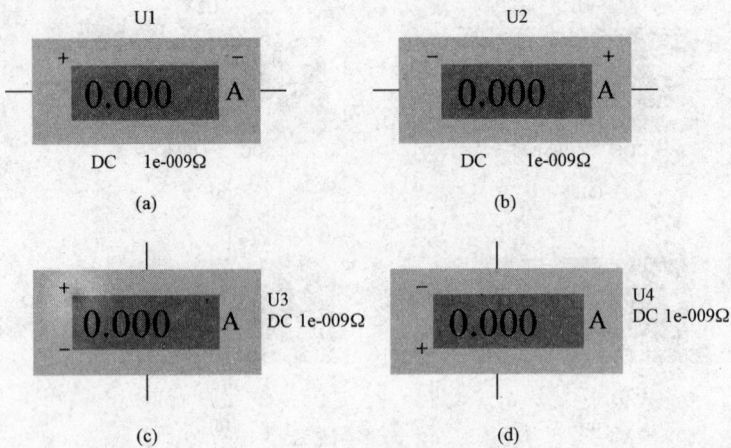

+ 　　0.000　　 A －

DC　　1e-009Ω

(a)

U2

+ 　　0.000　　 A －

DC　　1e-009Ω

(b)

+ 　　0.000　　 A

－

U3
DC 1e-009Ω

(c)

－ 　　0.000　　 A

+

U4
DC 1e-009Ω

(d)

图 4-83　数字电流表图标

(a) AMMETER_H；(b) AMMETER_HR；(c) AMMETER_V；(d) AMMETER_VR

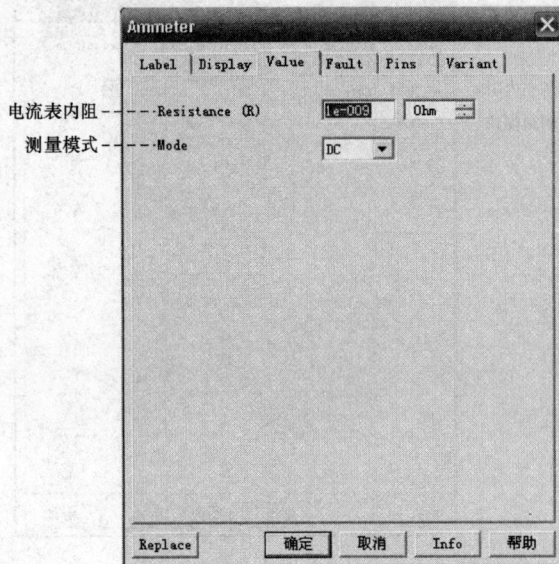

电流表内阻------Resistance (R)

测量模式----Mode

图 4-84　Ammeter Properies 对话框

则导线连接完成。

2. 元器件的名称标识

电路中的每一元器件均可进行 Lable（标识），其做法如下：

(1) 双击元器件图标，弹出该元器件的属性对话框；

(2) 单击 Lable 选项卡，在 Lable 文本框中键入元器件标识，并单击确定按钮。

3. 元件参数的设置

MultiSIM 9.0 中的元件种类繁多，有现实元件，也有虚拟元件。虚拟元件又有 3D 元件、定值元件和任意值元件之分。开发新产品必须使用现实元件；设计验证新电路原理采用虚拟元件较好。在 MultiSIM 9.0 中每一虚拟元件都有其预设置的参数，此参数可以按照实际需要改变。例如电阻阻值的设置，其过程如下：

（1）单击元器件工具栏中的基本元器件库按钮 ∿，弹出 Select a Component 对话框，如图 4-85 所示，选择 BASIC_VIRTUAL，然后在 Component 栏选择 RESISTOR_VIR-TUAL，单击 OK 按钮 1kΩ 的电阻就放置到电路工作区了。

（2）双击电阻符号，弹出 BASIC_VIRTUAL 对话框，如图 4-86 所示。

（3）选择 Value 选项卡，将对话框中的数值部分改为 10，该电阻的阻值为 10kΩ。

（4）单击确定按钮，就完成了 1kΩ 电阻阻值的修改。

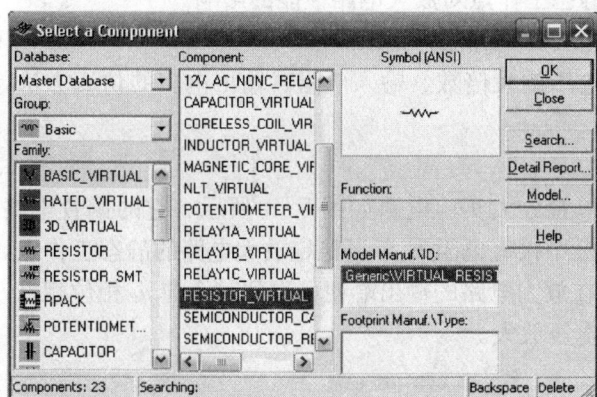

图 4-85　Select a Component 对话框

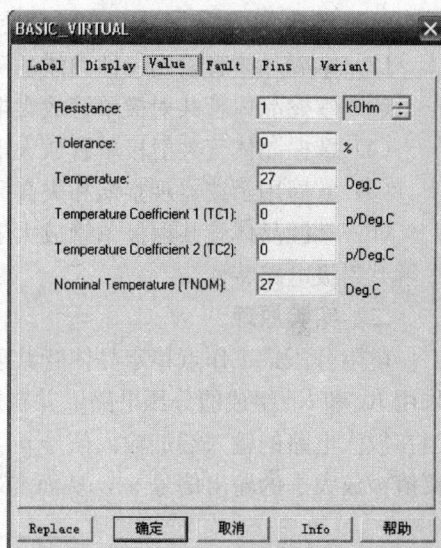

图 4-86　BASIC_VIRTUAL 对话框

4. 连接仪器仪表

在元器件工具栏中打开指示器件库和仪表库，从中选择测试电路所需要的仪器仪表。

5. 电路文件的保存与打开

电路创建完成后，要将其进行保存，以备调用。方法是选择菜单栏中 File/Save 菜单命令，弹出对话框后，选择合适的路径并输入电路文件名，再单击"确定"按钮，即完成电路文件的保存。MultiSIM 9.0 会自动为电路文件添加后缀".sm9"。若需打开电路文件，可选择菜单栏中的 File/Open 命令，弹出对话框后，选择所需电路文件，按"打开"按钮，即可将选择的电路调入电路工作区。保存与打开也可以使用工具栏中的相关按钮。

6. 电路的仿真实验

仿真实验开始前可双击有关仪器仪表的图标打开其面板，以备观察其波形或数据。单击主工具栏中的 ≯ 运行按钮，或者选择菜单命令 Simulate/Run（F5 键），仿真实验开始。若再次单击运行按钮，或者选择菜单命令 Simulate/Run，仿真实验结束。如果使实验过程暂停，可选择菜单命令 Simulate/Pause（F6 键），再次单击菜单命令 Simulate/Pause，实验恢复运行。

7. 实验结果的输出

输出实验结果的方法有许多种，可以存储电路文件，也可以用 Windows 的剪贴板输出电路图或仪表面板显示的波形，还可以打印输出。

第五章　MultiSIM 9.0仿真实验

实验二十二　单管共射极放大电路的测试

一、实验目的

（1）熟悉 MultiSIM 9.0 软件的使用方法。

（2）掌握晶体管输出特性曲线的测试方法。

（3）掌握晶体管共射极单管放大电路静态工作点的测量及调试方法。

（4）掌握晶体管共射极单管放大电路静态工作点对放大电路性能的影响。

（5）掌握用示波器观察饱和失真和截止失真的方法并记录波形。

（6）掌握晶体管共射极单管放大电路电压放大倍数、输入电阻、输出电阻的仿真方法，了解共射极电路特性。

二、实验原理

电阻分压式工作点稳定晶体管共射极单管放大实验电路如图5-1所示。它的偏置电路采用 R_{b1} 和 R_{b2} 组成的分压电路，并在发射极中接有电阻 R_e，以稳定放大电路的静态工作点。当在放大电路的输入端加输入信号 u_i 后，在放大电路的输出端便可得到一个与 u_i 相位相反，幅值被放大了的输出信号 u_o，从而实现了电压放大。

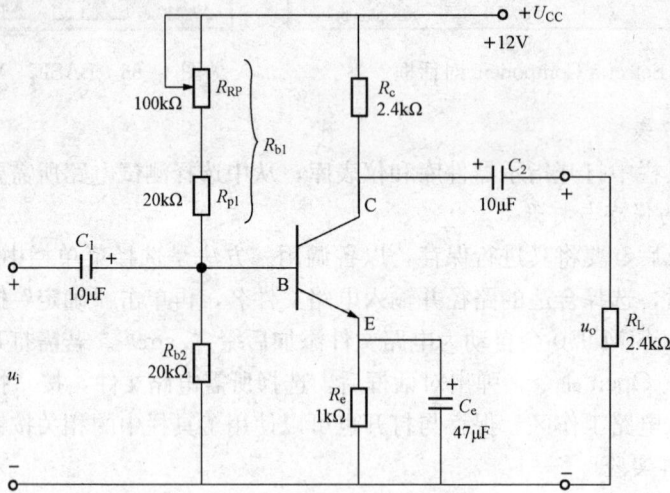

图5-1　晶体管共射极单管放大电路

在图5-1电路中，当流过偏置电阻 R_{b1} 和 R_{b2} 的电流远远大于晶体管的基极电流 I_B（一般5~10倍）时，则它的静态工作点可用下式估算，即

$$U_B \approx \frac{R_{b2}}{R_{b1}+R_{b2}} \times U_{CC}$$

$$I_E = \frac{U_B-U_{BE}}{R_e} \approx I_C$$

$$U_{CE} = U_{CC} - I_C(R_c + R_e)$$

电压放大倍数为

$$A_V = -\beta \frac{R_c//R_L}{r_{be}}$$

输入电阻为

$$r_i = R_{b1}//R_{b2}//r_{be}$$

输出电阻为

$$r_o \approx R_c$$

由于电子器件性能的分散性比较大，因此在设计和制作晶体管放大电路时，离不开测量和调试技术。在设计前应测量所用元器件的参数，为电路设计提供必要的依据。在完成设计和装配以后，还必须测量和调试放大电路的静态工作点和各项性能指标。一个优质放大电路，必定是理论设计与实验调整相结合的产物。因此，除了学习放大电路的理论知识和设计方法外，还必须掌握必要的测量和调试技术。

一般放大电路的测量和调试包括：

(1) 放大电路静态工作点的测量与调试；

(2) 消除干扰与自激振荡；

(3) 放大电路各项动态参数的测量与调试等。

1. 放大电路静态工作点的测量与调试

(1) 静态工作点的测量。

测量放大电路的静态工作点，应在输入信号 $u_i = 0$ 的情况下进行，即将放大电路输入端与地端短接，然后选用量程合适的直流数字毫安表和直流数字电压表，分别测量晶体管的集电极电流 I_C 以及各电极对地的电位 U_B、U_C、U_E。一般实验中，为了避免断开集电极，所以采用测量电压，然后计算出 I_C 的方法。

例如，只要测出 U_E，即可用

$$I_C \approx I_E = \frac{U_E}{R_e}$$

计算出 I_C（也可根据 $I_C = \frac{U_{CC} - U_C}{R_c}$，由 U_C 确定 I_C），同时也能算出

$$U_{BE} = U_B - U_E, \ U_{CE} = U_C - U_E$$

为了减小误差，提高测量精度，应选用内阻较高的直流数字电压表。

(2) 静态工作点的调试。

放大器静态工作点的调试是指管子集电极电流 I_c 或集电极与发射极之间电压 U_{ce} 的调节与测试。

静态工作点是否合适，对放大电路的性能和输出波形都有很大的影响。如工作点偏高，放大电路在加入交流信号以后易产生饱和失真，此时输出电压 u_o 的负半周将被削底，如图 5-2（a）所示；如工作点偏低则易产生截止失真，即输出电压 u_o 的正半周被缩顶，如图 5-2（b）所示；一般情况下截止失真不如饱和失真明显。这些情况都不符合失真放大的要求。所以在选择工作点以后还必须进行动态调试，即在放大电路的输入端加入一定的输入电压 u_i，检查输出电压 u_o 的大小和波形是否满足要求。如不满足，则应调节静态工作点的位置。

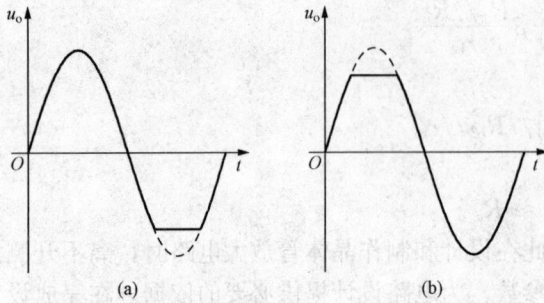

图 5-2　工作点不合适引起输出电压波形失真
(a) 饱和失真；(b) 截止失真

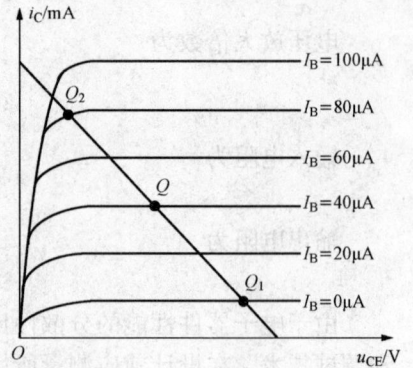

图 5-3　交流负载线

改变电路参数 U_{CC}、R_c、R_b（R_{b1}、R_{b2}）都会引起静态工作点的变化，如图 5-3 所示，工作点偏高会引起饱和失真，工作点偏低会引起截止失真。但通常多采用调节偏置电阻 R_{b1} 的方法来改变静态工作点，如减小 R_{b1}，则可使静态工作点提高等。

最后还要说明的是，上面所说的工作点偏高或偏低不是绝对的，应该是相对信号的幅度而言，如信号幅度很小，即使工作点较高或较低也不一定会出现失真。所以确切地说，产生波形失真是输入信号的幅度与静态工作点设置配合不当所致。如需满足较大输入信号幅度的要求，静态工作点最好尽量靠近交流负载线的中点。

2. 放大电路动态指标的测试

放大电路动态指标测试有电压放大倍数 A_V、输入电阻 r_i、输出电阻 r_o、最大不失真输出电压（动态范围）U_{opp} 和通频带 f_{BW} 等。

(1) 电压放大倍数 A_V 的测量。

调整放大电路到合适的静态工作点，然后加输入电压 u_i，在输出电压 u_o 不失真的情况下，用交流毫伏表测出 u_i 和 u_o 的有效值 U_i 和 U_o，则

$$A_V = \frac{U_o}{U_i}$$

(2) 输入电阻 r_i 的测量。

为了测量放大电路的输入电阻，按图 5-4 所示的电路进行连接，在放大电路正常工作的情况下，在被测放大电路的输入端用交流电压表和交流电流表分别测出输入端电压 U_i 和流进电流 I_i。则根据输入电阻的定义可得

$$r_i = \frac{U_i}{I_i}$$

(3) 输出电阻 r_o 的测量。

按图 5-4 电路，在放大电路正常工作条件下，测量出当开关 S 断开时输出端不接负载电阻 R_L 的输出电压 U_o，测量出当开关 S 闭合时接入负载电阻 R_L 后的输出电压 U_L，根据

$$U_L = \frac{R_L}{R_L + r_o} U_o$$

即可求出

$$r_{\mathrm{o}} = \left(\frac{U_{\mathrm{o}}}{U_{\mathrm{L}}} - 1 \right) R_{\mathrm{L}}$$

另一种方法是应用开路电压、短路电流法来进行测量。

在放大电路正常工作的情况下，在被测放大电路的输出端用交流电压表和交流电流表分别测出输出端开路电压 U_{o} 和短路电流 I_{sc}。则根据输出电阻的定义可得

图 5-4　放大电路示意图

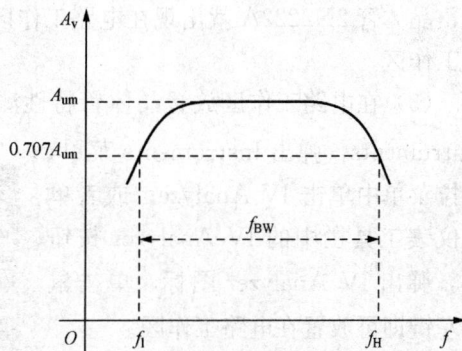

$$r_{\mathrm{o}} = \frac{U_{\mathrm{o}}}{I_{\mathrm{sc}}}$$

在测试中应注意，必须保持 R_{L} 接入前后输入信号的大小不变。

（4）最大不失真输出电压 U_{OPP}（最大动态范围）的测试。

如上所述，为了得到最大动态范围，应将静态工作点调在交流负载线的中点。为此在放大电路正常工作情况下，逐步增大输入信号的幅度，并同时调节 R_{b1} 改变静态工作点，用示波器观察输出电压 u_{o} 的波形。当输出电压 u_{o} 的波形同时出现削底和缩顶现象（见图 5-5）时，说明静态工作点已调在交流负载线的中点。然后反复调整输入信号的幅度，使波形输出幅度最大，且无明显失真时，用交流毫伏表测量出输出电压的有效值 U_{o}，则动态范围等于 $2\sqrt{2}U_{\mathrm{o}}$，或用示波器直接读出最大不失真输出电压 U_{OPP} 来。

（5）放大电路频率特性的测量。

放大电路的频率特性是指放大电路的电压放大倍数 A_{v} 与输入信号频率 f 之间的关系曲线。单管阻容耦合放大电路的幅频特性曲线如图 5-6 所示，A_{um} 为中频电压放大倍数，通常规定电压放大倍数随频率变化下降到中频放大倍数的 $\frac{1}{\sqrt{2}}$ 倍，即 $0.707A_{\mathrm{um}}$ 所对应的频率分别称为下限频率 f_{l} 和上限频率 f_{H}，则通频带 $f_{\mathrm{BW}} = f_{\mathrm{H}} - f_{\mathrm{l}}$。

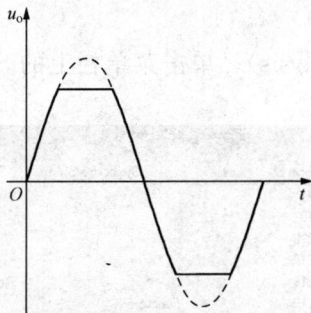

图 5-5　输入信号太大引起的失真　　　　　　图 5-6　幅频特性曲线

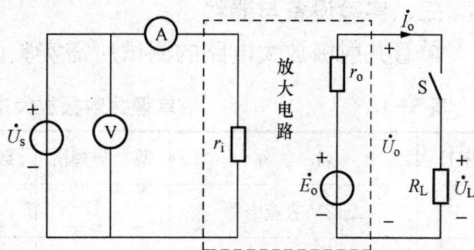

放大电路的幅率特性就是测量不同频率信号时的电压放大倍数 A_{v}。为此，可采用前述测量 A_{v} 的方法，每改变一个信号频率，测量其相应的电压放大倍数，测量时应注意取点要恰当，在低频段与高频段应多测几点，在中频段可以少测几点。此外，在改变频率时，要保持输入信号的幅度不变，且输出波形不得失真。

三、实验设备与器件

单管共射极放大电路的测试所需实验设备与器件见表 5 - 1。

表 5 - 1 单管共射极放大电路的测试所需实验及器件

序号	名　称	型号与规格	数量	序号	名　称	型号与规格	数量
1	±12V 直流电源		1	5	晶体三极管		
2	函数信号发生器		1	6	信号源		
3	数字式交流毫伏表		1	7	双踪示波器		1
4	直流数字电压表						

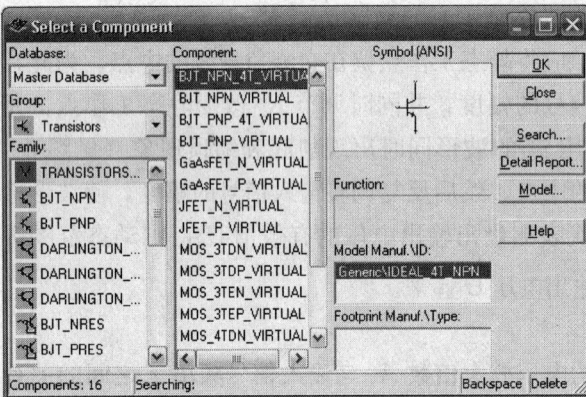

图 5 - 7　选择 Diodes 对话框

四、实验内容

1. 晶体管输出特性曲线的测试

利用晶体管特性测试仪（IV Analysis）测试晶体管（BJT _ NPN）2N2222A 的特性曲线，测试步骤如下。

（1）启动 MultiSIM 9.0 仿真软件，进入电路工作区。

（2）单击菜单栏上 Place/Component，弹出 Select a Component 对话框，在 Group 下拉菜单中选择 Transistor；或者单击元器件工具栏中的晶体管库按钮 ，弹出如图 5 - 7 所示的对话框。在该对话框的 Family 中单击 BJT _ NPN，弹出 BJT _ NPN 对话框，如图 5 - 8 所示，在 Component 中选择晶体管 2N2222A，单击 OK 按钮，晶体管 2N2222A 就出现在电路工作区，找到合适的位置，单击鼠标左键即可放置在电路工作区。

（3）在电路工作区放置晶体管特性测试仪（IV Analysis）。单击菜单栏上的 Simulate/Instruments，弹出 Instruments 菜单，在拉菜单中单击 IV Analyze；或者单击仪表工具栏中的 IV Analyzer 按钮 ，弹出 IV Analyzer 图标，单击鼠标左键即可放置在电路工作区。

（4）双击 IV Analyzer 图标，弹出 IV Analyzer 的面板，对 IV Analyzer 进行参数设置，在 Components 选项组中单击下拉菜单按钮，选择 BJT _ NPN，按照面板的右下方的引脚提示，进行晶体管与 IV Analyzer 的

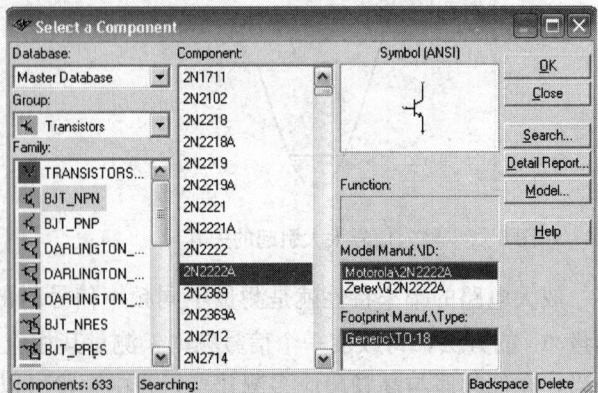

图 5 - 8　BJT _ NPN 对话框

连接。

（5）单击 IV Analyzer 面板上的 SIM_Param 按钮，弹出 Simulate Parameters 对话框，如图 5-9 所示，设置集电极与发射极电压 U_{ce} 和基极电流 I_b 的起止范围。

（6）对元器件进行调整、布局并连接导线以及显示导线编号，最终电路如图 5-10 所示。

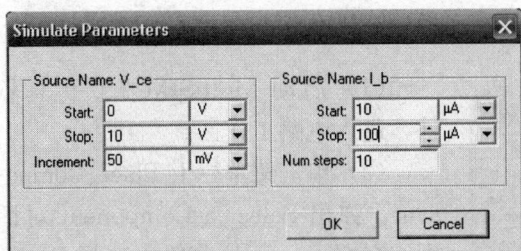
图 5-9　Simulate Parameters 对话框

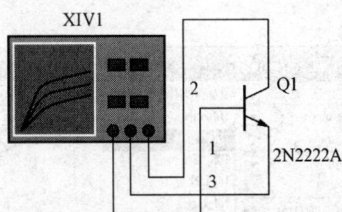
图 5-10　晶体管输出特性曲线的测试电路

（7）单击菜单栏 Simulate/Run 命令，或者单击主工具栏中的仿真运行按钮 ⚡ ，实验进行仿真，结果如图 5-11 所示。在 IV Analyzer 面板的显示屏幕上单击鼠标右键，弹出图 5-12所示的快捷菜单命令，可对显示屏幕的特性曲线进行设置，如图 5-11 所示。当单击 Select Trace ID 命令时，将弹出图 5-13 所示的对话框，进行特性曲线选择。移动图 5-11 中的游标可以得到该游标处被选择的那一条输出特性曲线所对应的 $I_b = 60\mu A$，$U_{ce} = 3.833V$，$I_c = 9.746mA$。根据任意两条输出特型曲线之间的 ΔI_b 和 ΔI_c，即可计算出该晶体管在该游标处的共射交流电流放大倍数 β，也可根据游标处被选择的那一条输出特性曲线计算出共射直流电流放大倍数 $\bar{\beta}$。

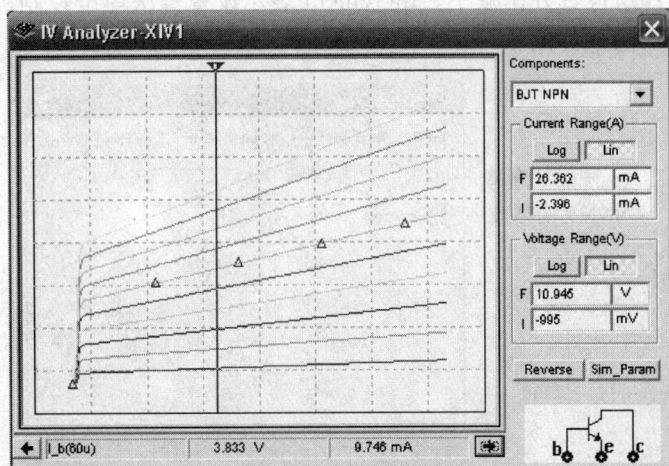
图 5-11　实验仿真结果

2. 晶体管共射极单管放大电路的测试

晶体管共射极单管放大电路的测试步骤如下。

图 5 - 12 快捷菜单

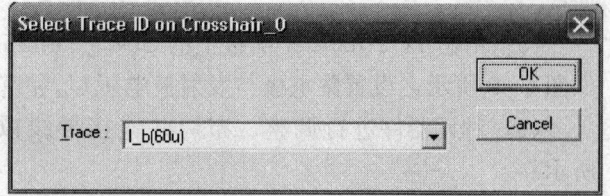

Select Trace ID ------- 选择输出特性曲线

Show Select Marks ---- 显示输出特型曲线标记

Hide Select Marks ----- 隐藏输出特型曲线标记

图 5 - 13 Select Trace ID 对话框

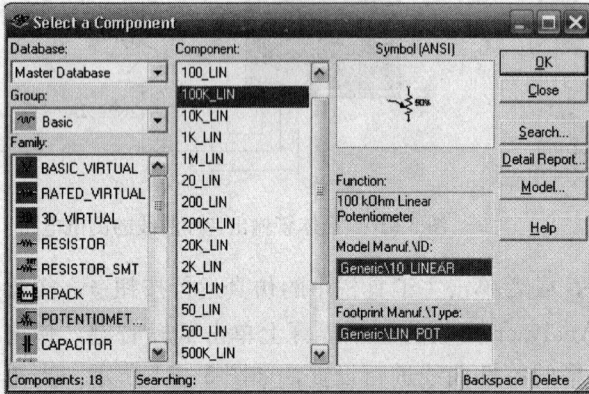

图 5 - 14 选择电位器对话框

(1) 启动 MultiSIM 9.0 仿真软件，进入电路工作区。

(2) 单击菜单栏上 Place/Component，弹出 Select a Component 对话框，在 Group 下拉菜单中选择 Basic；或者单击元器件工具栏中的基本原器件库按钮，弹出图 4 - 68 所示对话框，在对话框的 Family 中单击 POTENTIOMET...，弹出图 5 - 14 所示的对话框，在 Component 中选择电位器 100k _ LIN，单击 OK 按钮即可。双击电位器图标，弹出电位器属性对话框，如图 5 - 15 所示，对电位器进行参数设置：Key 表示设置调整电位器阻值变化的控制键，有效键为 0～9、A～Z、Space 中的一个，单击下拉按钮可进行选择。当单击控制键时，电位器中间抽头与抽头箭头所指方向端电阻阻值按照所设百分比增加；当使用 shift ＋控制键时，则按照所设百分比减小。Increment 表示设置每次单击控制键（或 shift＋控制键）增加（或减少）的百分比。

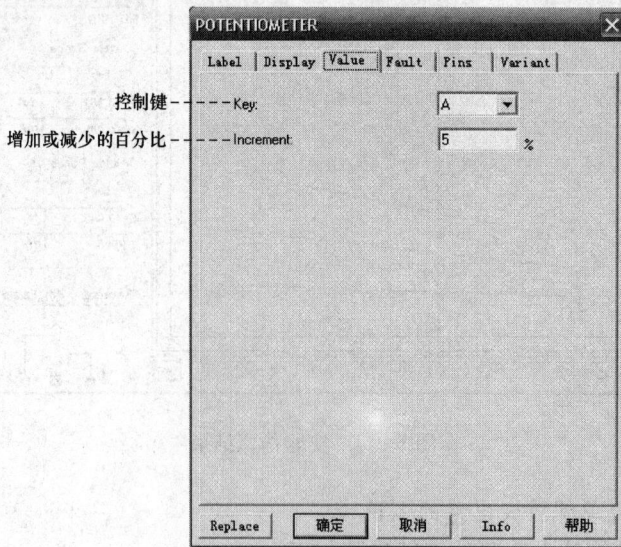

控制键 ----- Key:

增加或减少的百分比 ----- Increment:

图 5 - 15 电位器属性对话框

（3）在电路工作区完成图 5-1 所示电路的其他部分的绘制，实验仿真电路如图 5-16 所示。仿真电路图中元器件图形文字符号以仿真软件中所标为准，三极管 VT 以 Q 表示，电位器 RP 以 RW 表示，后续仿真图均依此例。

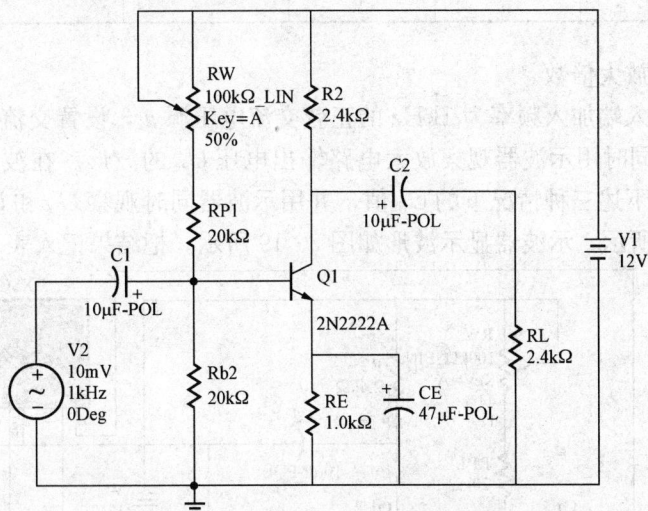

图 5-16　晶体管共射极单管放大仿真电路

（4）测量静态工作点。

接通电源前，先将 RP(RW) 调到最大，交流电压源输出为零。接通 +12V 电源，调节 RW 使 $I_C = 2.0$ mA（即 $U_E = 2.0$V），用数字电压表测量 U_B、U_E、U_C，如图 5-17 所示，再用万用电表欧姆挡测量电位器 RP(RW) 与电阻 R_{p1} 之和的阻值，将实验数据记入表 5-2 中。

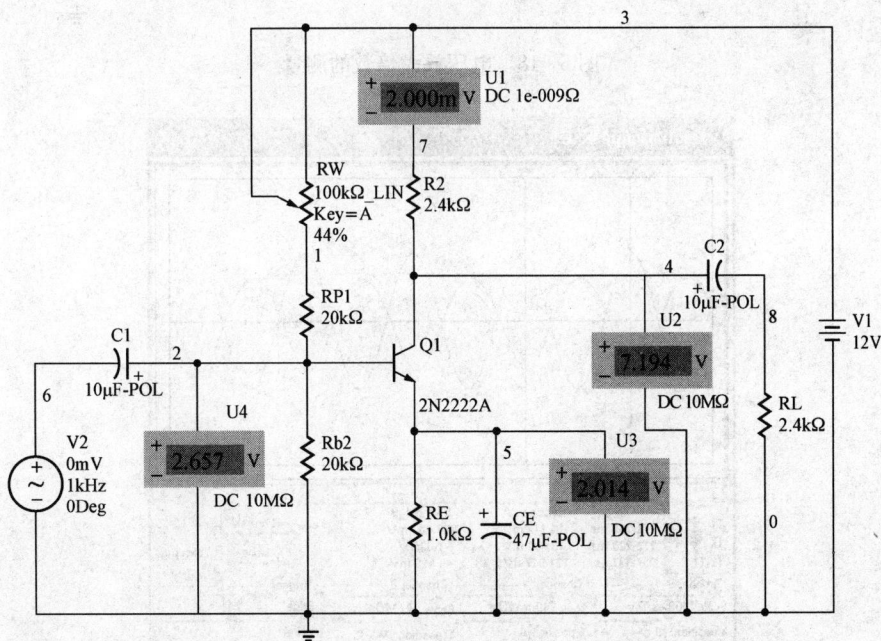

图 5-17　静态工作点测量电路

表 5-2　　　　　　　　　　　静态工作点测量数据 $I_C = 2mA$

测　量　值				计　算　值		
U_B (V)	U_E (V)	U_C (V)	R_{B1} (kΩ)	U_{BE} (V)	U_{CE} (V)	I_C (mA)

（5）测量电压放大倍数。

在放大电路输入端加入频率为 1kHz 的正弦交流电压源 u_i，设置交流电压源电压的有效值为 $U_i = 10mV$，同时用示波器观察放大电路输出电压 U_o 的波形。在波形不失真的条件下用交流电压表测量下述三种情况下的 U_o 值，并用示波器同时观察 U_o 和 U_i 的相位关系，测量电路如图 5-18 所示，示波器显示波形如图 5-19 所示。把结果记入表 5-3 中。

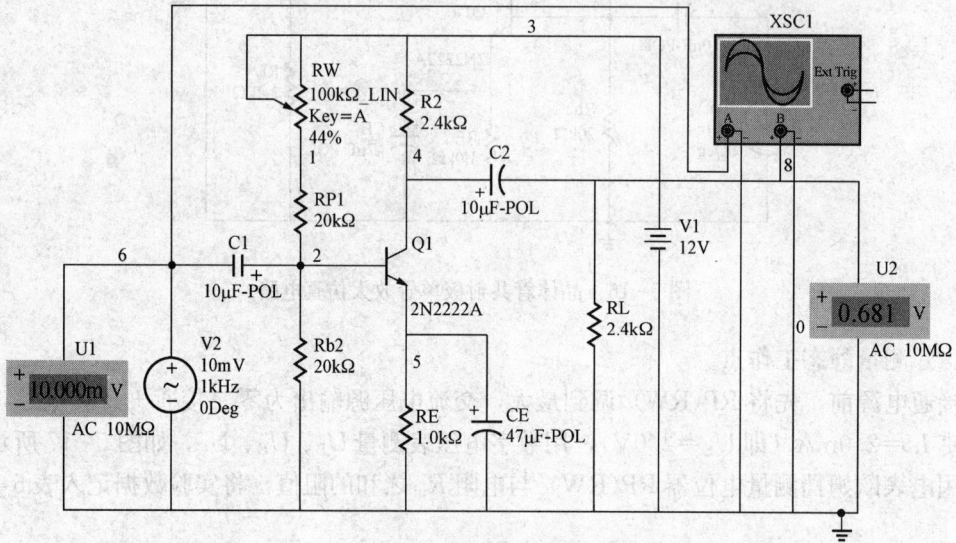

图 5-18　电压放大倍数的测量

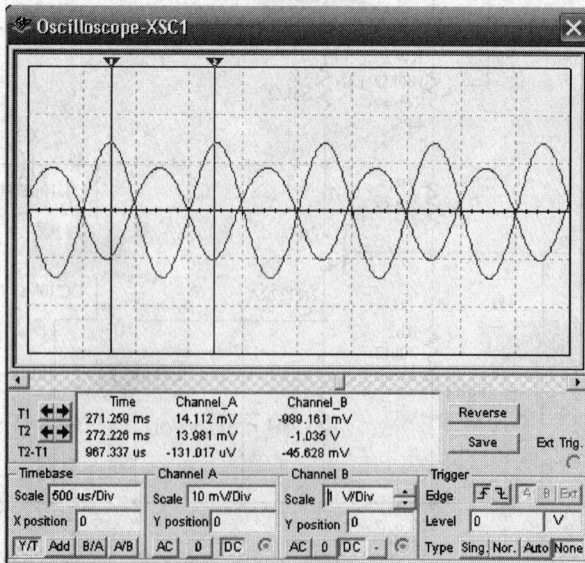

图 5-19　输入、输出电压波形

表 5 - 3 $I_c = 2.0 \text{mA}$ $U_I = 10 \text{mV}$

R_C (kΩ)	R_L (kΩ)	U_o (V)	A_V	观察记录一组 u_o 和 u_i 波形
2.4	2.4			
2.4	∞			
1.2	∞			

（6）观察静态工作点对电压放大倍数的影响。

$R_C = 2.4 \text{k}\Omega$，$R_L = \infty$，$U_i = 10 \text{mV}$，调节 RP（RW），用示波器监视输出的电压波形，完成表5 - 4中的测量数据。测量 I_C 时，要先将交流电压源的输出设为零（即 $U_i = 0 \text{mV}$）。

表 5 - 4 $R_C = 2.4 \text{k}\Omega$ $R_L = \infty$ $U_i = 10 \text{mV}$

I_C (mA)	3.0	2.5	2.0	1.5	1.0
U_o (V)					
A_V					

*（7）观察静态工作点对输出波形失真的影响。

令 $R_C = 2.4 \text{k}\Omega$，$R_L = \infty$，$U_i = 20 \text{mV}$，调节 RP（RW），用示波器监视输出的电压波形，完成表 5 - 5 中的测量数据。测量 I_C 时，要先将交流电压源的输出设为零（即 $U_i = 0 \text{mV}$）。

表 5 - 5 $R_C = 2.4 \text{k}\Omega$ $R_L = \infty$ $U_i = 20 \text{mV}$ 时，输出电压相关数据

I_C (mA)	U_{CE} (V)	u_o 波形	失真情况	管子工作状态
2.0				

*（8）测量最大不失真输出电压。

令 $R_C = 2.4 \text{k}\Omega$，$R_L = 2.4 \text{k}\Omega$，按照实验原理中所述方法，同时调节输入信号的幅度和电位器 R_W，用示波器和交流毫伏表测量 U_{OPP} 及 U_o 值，记入表 5 - 6 中。

表 5 - 6 $R_C = 2.4 \text{k}\Omega$ $R_L = 2.4 \text{k}\Omega$

I_C (mA)	U_{im} (mV)	U_{om} (V)	U_{OPP} (V)

（9）测量输入电阻和输出电阻。在 $R_C = 2.4 \text{k}\Omega$，$R_L = 2.4 \text{k}\Omega$，$I_C = 2.0 \text{mA}$ 的条件下，

当交流电压源的有效值电压为 $U_i=10\mathrm{mV}$ 时，完成表 5-7 中的测量数据。输入电阻的测量电路如图 5-20 所示，开路电压的测量电路如图 5-21 所示，短路电流的测量电路如图 5-22 所示。

表 5-7　　　　　　　　$I_C=2\mathrm{mA}$　$R_C=2.4\mathrm{k\Omega}$　$R_L=2.4\mathrm{k\Omega}$

测量值		计算值	测量值		计算值
U_i (mV)	I_i (mA)	r_i (kΩ)	U_{oc} (V)	I_{sc} (mA)	r_o (kΩ)

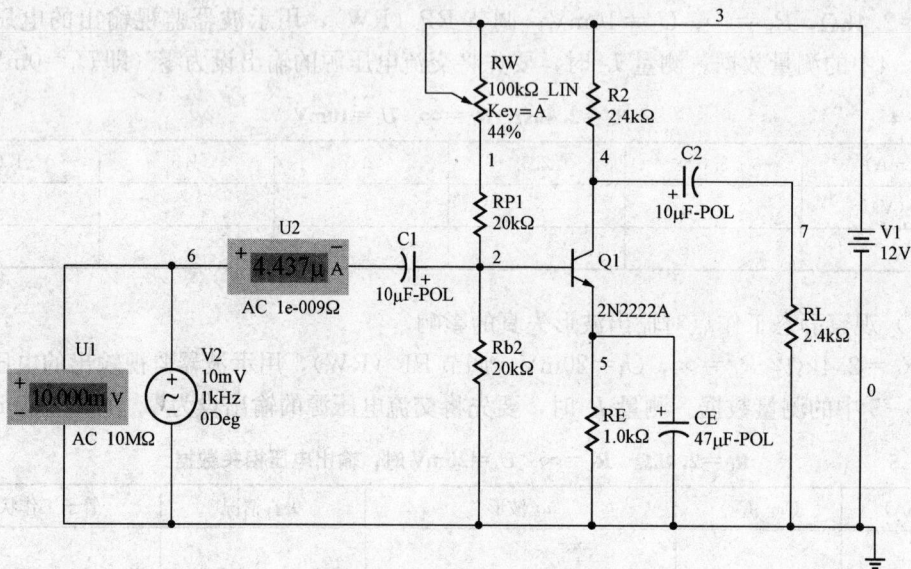

图 5-20　输入电阻的测量电路

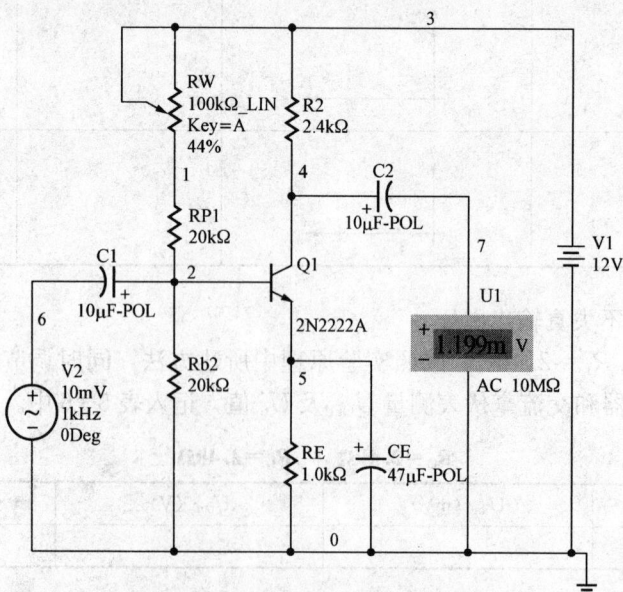

图 5-21　开路电压的测量

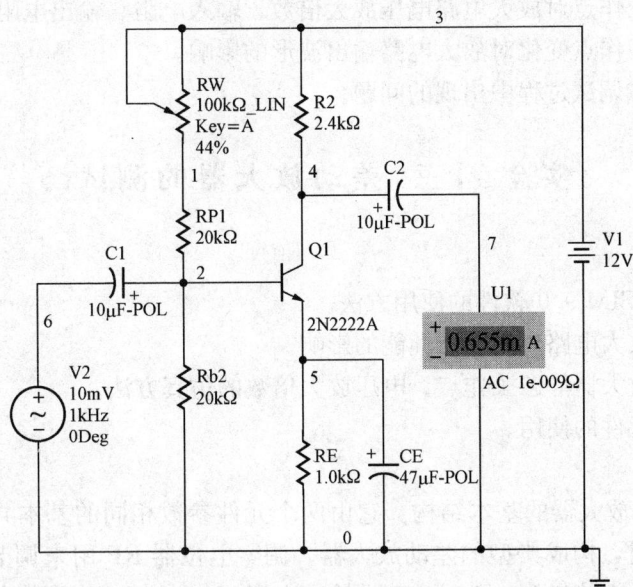

图 5 - 22　短路电流的测量

*（10）测量幅频特性曲线。

令 $I_C = 2.0\text{mA}$，$R_C = 2.4\text{k}\Omega$，$R_L = 2.4\text{k}\Omega$，保持输入信号 u_i 的幅度不变，改变信号源频率 f，逐点测出相应的输出电压 U_o，记入表 5 - 8 中。为了信号源频率 f 取值合适，可先粗测一下，找出中频范围，然后再仔细读数。

表 5 - 8　　　　　　　　　　　　　　　　　$U_i = 10\text{mV}$

f （kHz）		f_L			f_o			f_H	
U_o （V）									
$A_V = U_o/U_i$									

五、注意事项

（1）使用电压表和电流表时需要进行模式选择，测量直流时选择 DC，测量交流时选择 AC。

（2）电位器阻值的调节。

（3）晶体管特性测试仪和双踪示波器的使用。

六、预习思考题

（1）复习有关单管放大电路的内容并估算实验电路的性能指标。

（2）估算放大电路的静态工作点、电压放大倍数、输入电阻和输出电阻。

（3）当电路出现饱和失真或截止失真时，应该怎样调整参数？

七、实验报告

（1）列表整理测量结果，并把实测的静态工作点、电压放大倍数、输入电阻之值与理论计算值相比较（取一组数据进行比较），分析产生误差的原因。

(2) 总结静态工作点对放大电路电压放大倍数、输入电阻、输出电阻的影响。

(3) 讨论静态工作点变化对放大电路输出波形的影响。

(4) 分析讨论在调试过程中出现的问题。

实验二十三　差动放大器的测试

一、实验目的

(1) 熟悉 MultiSIM 9.0 软件的使用方法。

(2) 掌握差动放大电路对放大器性能的影响。

(3) 学习差动放大器静态工作点、电压放大倍数的仿真方法。

(4) 学会开关元件的使用。

二、实验原理

图 5-23 是差动放大器的基本结构。它由两个元件参数相同的基本共射放大电路组成。当开关 S 拨向左边时，构成典型的差动放大器。调零电位器 RP 用来调节 VT1、VT2 管的静态工作点，使得输入信号 $U_i = 0$ 时，双端输出电压 $U_o = 0$。R_E 为两管共用的发射极电阻，它对差模信号无负反馈作用，因而不影响差模电压放大倍数，但对共模信号有较强的负反馈作用，故可以有效地抑制零漂，稳定静态工作点。

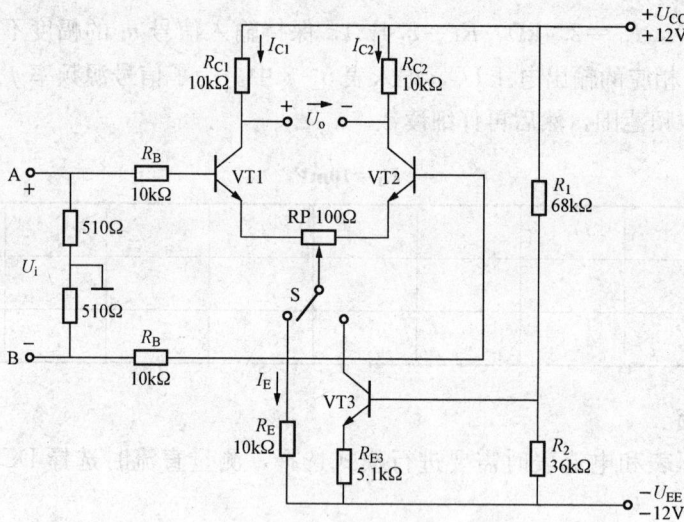

图 5-23　差动放大器实验电路

当开关 S 拨向右边时，构成具有恒流源的差动放大器。它用晶体管恒流源代替发射极电阻 R_E，可以进一步提高差动放大器抑制共模信号的能力。

1. 静态工作点的估算

典型电路时，I_E 为

$$I_E \approx \frac{|U_{EE}| - U_{BE}}{R_E}(认为 U_{B1} = U_{B2} \approx 0)$$

$$I_{C1} = I_{C2} = \frac{1}{2}I_E$$

恒流源电路

$$I_{C3} \approx I_{E3} \approx \frac{\frac{R_2}{R_1 + R_2}(U_{CC} + |U_{EE}|) - U_{BE}}{R_{E3}}$$

$$I_{C2} = I_{C2} = \frac{1}{2}I_{C3}$$

2. 差模电压放大倍数和共模电压放大倍数

当差动放大器的射极电阻 R_E 足够大，或采用恒流源电路时，差模电压放大倍数 A_d 由输出端方式决定，而与输入方式无关。

双端输出：$R_E = \infty$，RP 在中心位置时

$$A_d = \frac{\Delta U_o}{\Delta U_i} = -\frac{\beta R_C}{R_B + r_{be} + \frac{1}{2}(1 + \beta)R_P}$$

单端输出

$$A_{d1} = \frac{\Delta U_{C1}}{\Delta U_i} = \frac{1}{2}A_d \ , \quad A_{d2} = \frac{\Delta U_{C2}}{\Delta U_i} = -\frac{1}{2}A_d$$

当输入共模信号时，若为单端输出，则有

$$A_{C1} = A_{C2} = \frac{\Delta U_{C1}}{\Delta U_i} = \frac{-\beta R_C}{R_B + r_{be} + (1 + \beta)\left(\frac{1}{2}R_P + 2R_E\right)} \approx -\frac{R_C}{2R_E}$$

若为双端输出，在理想情况下

$$A_C = \frac{\Delta U_o}{\Delta U_i} = 0$$

实际上由于元件不可能完全对称，因此 A_C 也不会绝对等于零。

3. 共模抑制比 CMRR

为了表征差动放大器对有用信号（差模信号）的放大作用和对共模信号的抑制能力，通常用一个综合指标来衡量，即共模抑制比为

$$K_{CMR} = \left|\frac{A_d}{A_C}\right| \quad \text{或} \quad K_{CMR} = 20\lg\left|\frac{A_d}{A_C}\right|(\text{dB})$$

差动放大器的输入信号可采用直流信号也可采用交流信号。本实验由函数信号发生器提供频率 $f = 1\text{kHz}$ 的正弦信号作为输入信号。

三、实验设备与器件

测试差动放大器所需实验设备与器件见表 5 - 9。

表 5 - 9　　　　　　　　　　测试差动放大器所需实验设备与器件

序号	名　　称	型号与规格	数量	序号	名　　称	型号与规格	数量
1	±12V 直流电源		1	4	信号源		.
2	直流数字电压表			5	双踪示波器		1
3	晶体三极管	2N222A	2				

四、实验内容

1. 典型差动放大器性能测试

按图 5 - 23 连接实验电路，开关 S 拨向左边构成典型差动放大器，在电路工作区输入电

路如图 5-24 所示。

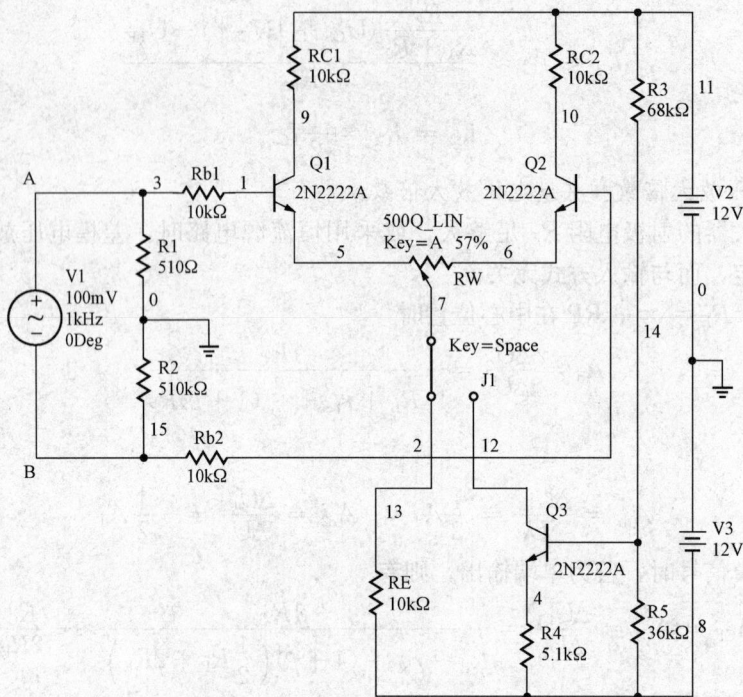

图 5-24　差动放大器实验测试电路

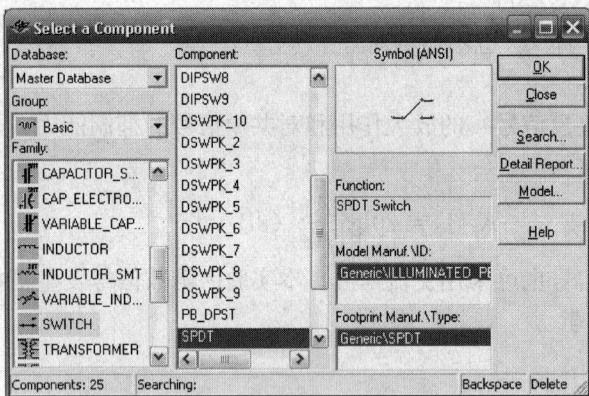

图 5-25　开关 SPDT 的选取

在测试之前，先介绍开关 SPDT 的使用。首先单击菜单栏上 Place/Component，弹出 Select a Component 对话框，在 Group 下拉菜单中选择 Basic；或者单击元器件工具栏中的基本原器件库按钮 ～～～，弹出图 4-68 所示对话框，在对话框的 Family 中单击 SWITCH，弹出图 5-25 所示的对话框，在 Component 中选择开关 SPDT，单击 OK 按钮即可放置在电路工作区，图标如图 5-26 所示。双击开关 SPDT 图标，弹出开关 SPDT 属性对话框，如图 5-27 所示，对开关 SPDT 进行参数设置：Key 表示设置开关 SPDT 的控制键，有效键为 Space、A～Z 中的一个，单击下拉按钮可进行选择。

（1）测量静态工作点。

1）调节放大器零点。信号源不接入，将放大器输入端 A、B 与地短接，接通±12V 直流电源，用直流电压表测量输出电压 U_o，调节调零电位器 RP（RW），使 $U_o=0$，电路如图 5-28 所示。

开关标识 -------- J1

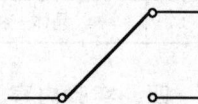

开关控制键 ----Key=Space

图 5-26　开关 SPDT 图标

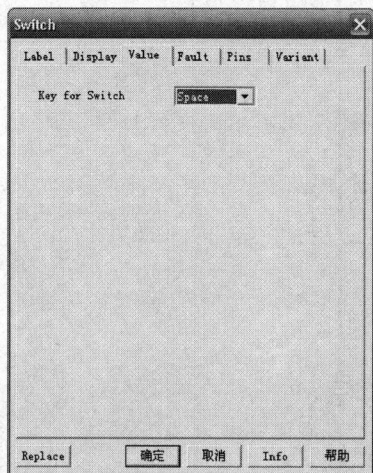

图 5-27　开关 SPDT 属性对话框　　　　　图 5-28　差动放大器静态工作点测试电路

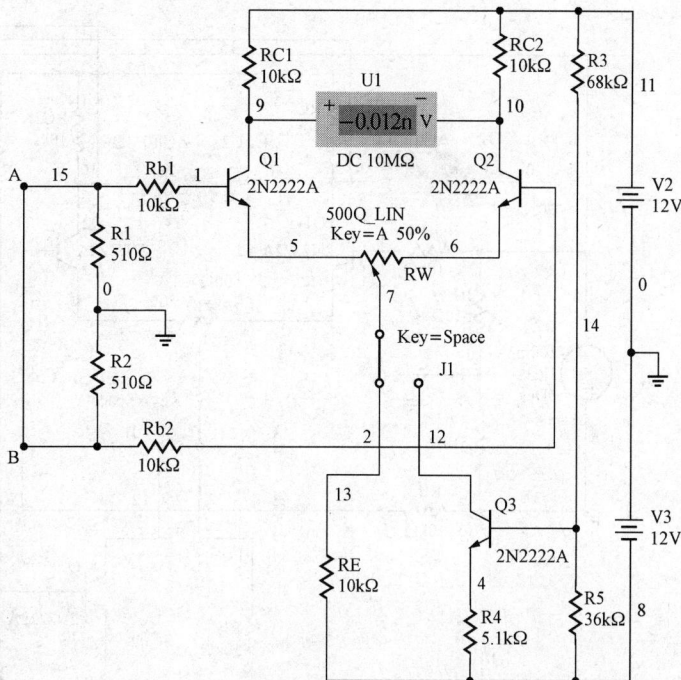

2）测量静态工作点。零点调好以后，用直流电压表测量 Q1、Q2 各电极电位及射极电阻 R_E 两端电压 U_{RE}，并将测得的数据记入表 5-10 中。

表 5-10　　　　　　　　　　　　　　　　静态工作点测量数据

	U_{C1} (V)	U_{B1} (V)	U_{E1} (V)	U_{C2} (V)	U_{B2} (V)	U_{E2} (V)	U_{RE} (V)
测量值							
计算值	I_C (mA)			I_B (mA)			U_{CE} (V)

（2）测量差模电压放大倍数。

将交流信号源的输出端接放大器输入 A 端，地端接放大器输入 B 端构成单端输入方式，调节输入信号为频率 $U_i=100\text{mV}$，$f=1\text{kHz}$ 的正弦信号，用示波器监视输出端（集电极 C1 或 C2 与地之间），用交流电压表测 U_{C1}、U_{C2}，电路如图 5-29 所示。将测量结果记入表 5-10中，并用示波器观察 u_i、u_{C1}、u_{C2} 之间的相位关系，如图 5-30 所示。

（3）测量共模电压放大倍数。

将放大器 A、B 短接，交流信号源接 A 端与地之间，构成共模输入方式，调节输入信号为频率 $U_i=100\text{mV}$，$f=1\text{kHz}$ 的正弦信号，用示波器监视输出端（集电极 C1 或 C2 与地之间），用交流电压表测 U_{C1}、U_{C2}，电路如图 5-31 所示。将测量结果测量 U_{C1}、U_{C2} 的值记入表 5-11，并用示波器观察 u_i、u_{C1}、u_{C2} 之间的相位关系，如图 5-32 所示。

2. 具有恒流源的差动放大电路性能测试

将图 5-23 电路中开关 S 拨向右边（在电路工作区中单击 SPACE 键），就构成具有恒流源的差动放大电路。重复 1-（2）、1-（3）的内容要求，记入表 5-11。

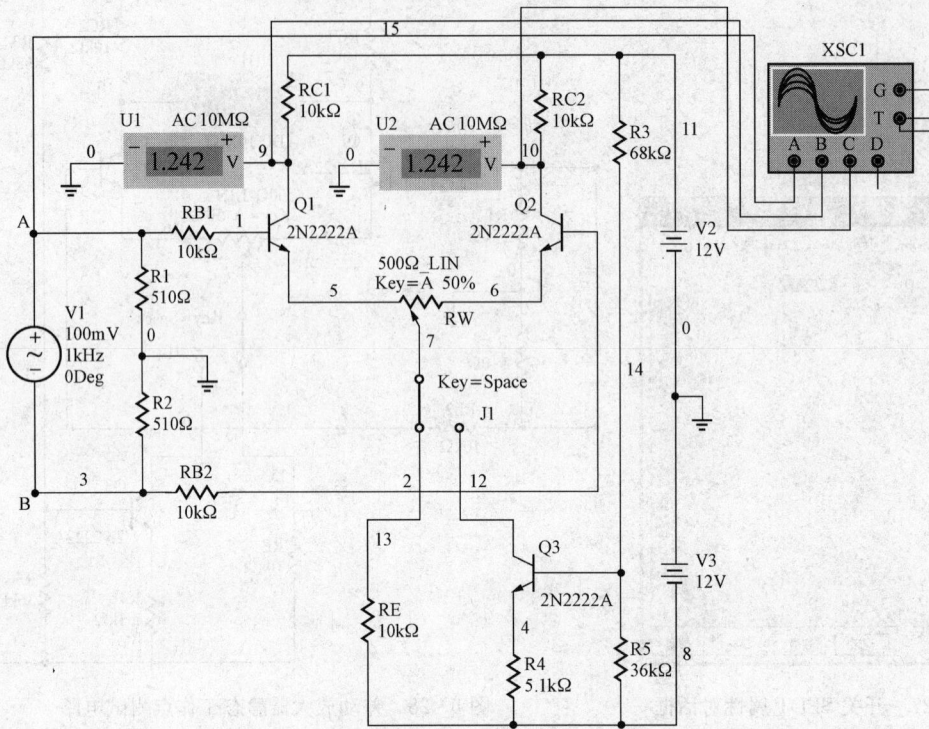

图 5-29 差模电压放大倍数的测量电路

表 5-11 　　　　　　　　　　测 量 数 据

U_i	典型差动放大电路		具有恒流源差动放大电路	
	单端输入（100mV）	共模输入（1V）	单端输入（100mV）	共模输入（1V）
U_{C1} （V）				
U_{C2} （V）				
$A_{d1}=\dfrac{U_{C1}}{U_i}$		/		/
$A_d=\dfrac{U_0}{U_i}$		/		/
$A_{C1}=\dfrac{U_{C1}}{U_i}$	/		/	
$A_C=\dfrac{U_0}{U_i}$	/		/	
$K_{CMR}=\left|\dfrac{A_{d1}}{A_{c1}}\right|$				

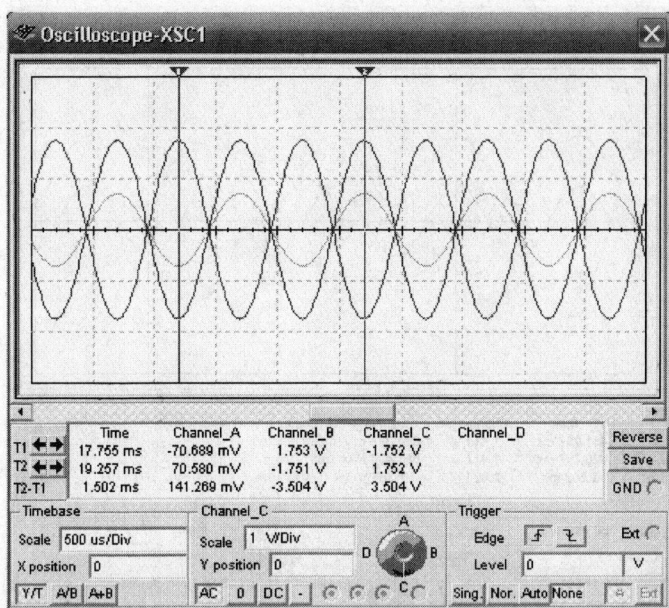

图 5 - 30　差模电压放大输入、输出波形

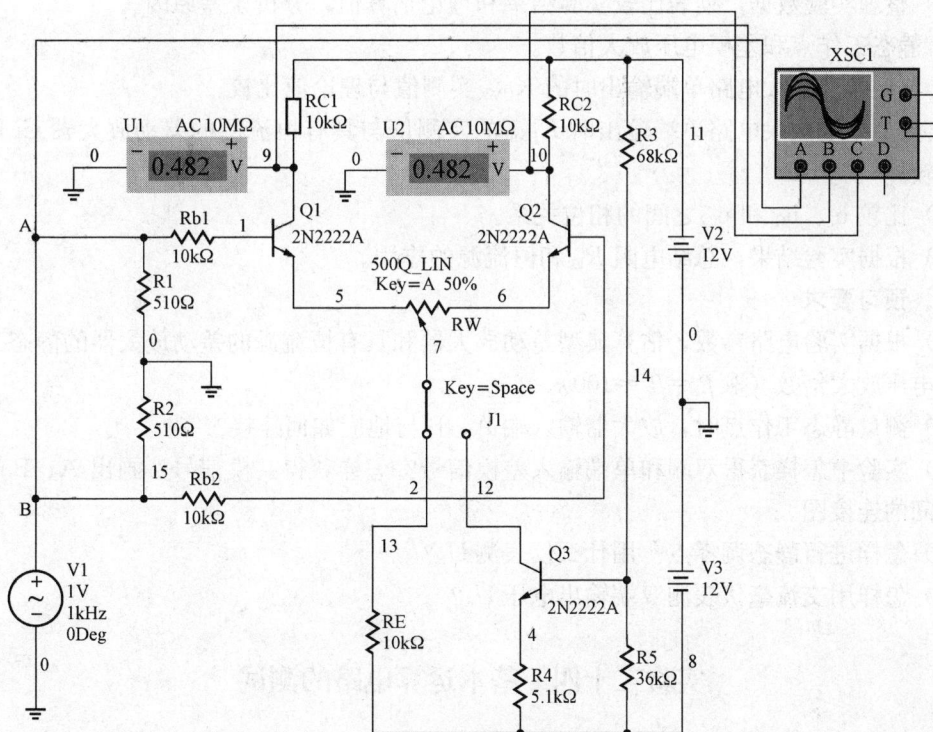

图 5 - 31　共模电压放大倍数的测量电路

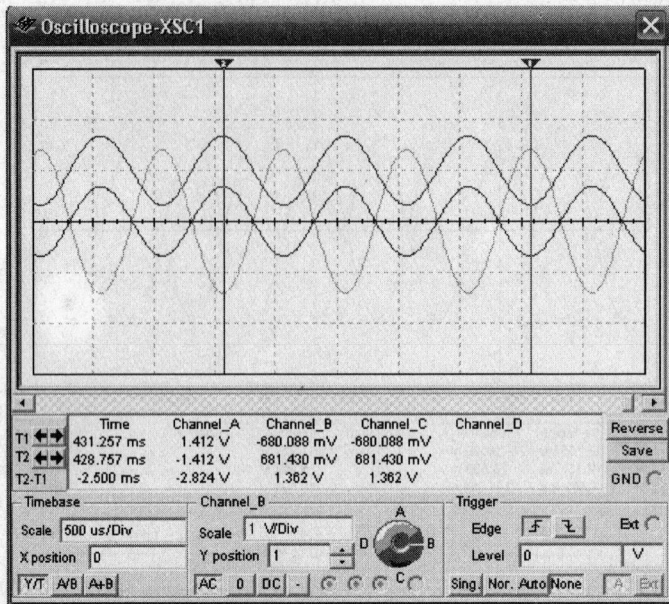

图 5 - 32　共模电压放大输入、输出波形

五、实验总结

（1）整理实验数据，列表比较实验结果和理论估算值，分析误差原因。

1）静态工作点和差模电压放大倍数。

2）典型差动放大电路单端输出时的 K_{CMR} 实测值与理论值比较。

3）典型差动放大电路单端输出时 K_{CMR} 的实测值与具有恒流源的差动放大器 CMRR 实测值比较。

（2）比较 u_i、u_{C1} 和 u_{C2} 之间的相位关系。

（3）根据实验结果，总结电阻 R_E 和恒流源的作用。

六、预习要求

（1）根据实验电路参数，估算典型差动放大器和具有恒流源的差动放大器的静态工作点及差模电压放大倍数（取 $\beta_1 = \beta_2 = 100$）。

（2）测量静态工作点时，放大器输入端 A、B 与地应如何连接？

（3）实验中怎样获得双端和单端输入差模信号？怎样获得共模信号？画出 A、B 端与信号源之间的连接图。

（4）怎样进行静态调零点？用什么仪表测 U_o？

（5）怎样用交流毫伏表测双端输出电压 U_o？

实验二十四　基本运算电路的测试

一、实验目的

（1）掌握集成运算放大器的正确使用方法以及在理想条件下的线性应用。

（2）研究由集成运算放大器组成的积分运算和微分运算电路的功能。

（3）进一步理解集成运算放大器的虚短和虚断的概念。

（4）了解运算放大器在实际应用时应考虑的一些问题。

（5）熟悉 MultiSIM 9.0 软件的使用方法。

二、实验原理

积分运算和微分运算互为逆运算。在自动系统中，常用积分电路和微分电路作为调节环节；此外，它们还广泛应用于波形的产生和变化以及仪器仪表之中。以集成运算放大器作为放大电路，利用电阻和电容作为反馈网络，可以实现这两种运算电路。

1. 积分运算电路

积分运算电路如图 5 - 33 所示，假设集成运算放大器为理想运算放大器。

由于集成运算放大器的同相输入端通过电阻 R' 接地，故有 $u_P = 0$。

根据虚短的概念，有 $u_N = u_P = 0$，称为虚地。

根据虚断的概念，电路中电容 C 的电流 i_C 等于电阻 R 的电流 i_R，即

$$i_C = i_R = \frac{u_i - u_N}{R} = \frac{u_i}{R}$$

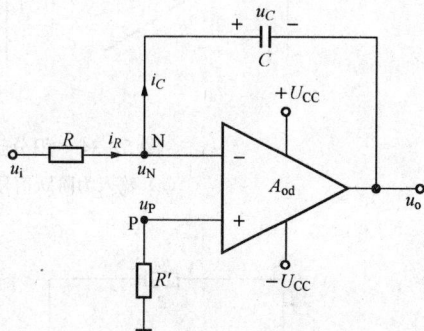

图 5 - 33　积分运算电路

根据电容的电压电流关系，可得

$$u_C = \frac{1}{C}\int i_C \mathrm{d}t = \frac{1}{C}\int \frac{u_i}{R}\mathrm{d}t = \frac{1}{RC}\int u_i \mathrm{d}t$$

该电路的输出电压与电容电压的关系为

$$u_o = -u_C = -\frac{1}{C}\int i_C \mathrm{d}t = -\frac{1}{C}\int \frac{u_i}{R}\mathrm{d}t = -\frac{1}{RC}\int u_i \mathrm{d}t$$

在求解 t_1 到 t_2 时间的积分值时

$$u_o = -\frac{1}{RC}\int_{t_1}^{t_2} u_i \mathrm{d}t + u_o(t_1)$$

式中：$u_o(t_1)$ 为积分起始时刻的输出电压，即积分运算的起始值，积分的终了值是 t_2 时刻的输出电压。

当输入电压 u_i 为常量时，输出电压为

$$u_o = -\frac{1}{RC}u_i(t_2 - t_1) + u_o(t_1)$$

当输入信号为阶跃信号时，若 t_0 时刻电容上的电压为零，则输出电压波形如图 5 - 34（a）所示。当输入信号为方波和正弦波时，输出电压波形分别如图 5 - 34（b）和（c）所示。可见，利用积分运算电路可以实现方波—三角波的波形变换和正弦—余弦的移相功能。

2. 微分运算电路

若将图 5 - 33 所示电路中的电阻 R 和电容 C 的位置互换，则得到微分运算电路，如图 5 - 35 所示。

由于集成运算放大器的同相输入端通过电阻 R' 接地，故有 $u_P = 0$。

根据虚短的概念，有 $u_N = u_P = 0$，称为虚地，电容两端电压 $u_C = u_i$。

根据电容的电压电流关系，可得 $i_C = C\dfrac{\mathrm{d}u_C}{\mathrm{d}t} = C\dfrac{\mathrm{d}u_i}{\mathrm{d}t}$。

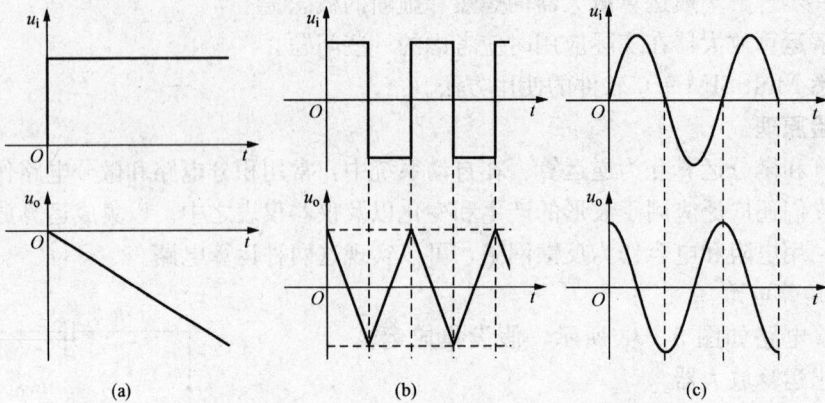

图 5-34   积分运算电路在不同输入情况下的波形

（a）输入为阶跃信号；（b）输入为方波；（c）输入为正弦波

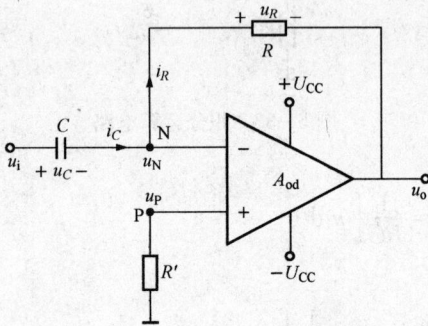

图 5-35   微分运算电路

根据虚断的概念，电路中电阻 R 的电流 i_R 等于电容 C 的电流 i_C，即 $i_R = i_C = C\dfrac{\mathrm{d}u_i}{\mathrm{d}t}$，电阻两端电压

$$u_R = Ri_R = RC\frac{\mathrm{d}u_i}{\mathrm{d}t}$$

该电路的输出电压与电阻电压的关系为

$$u_o = -u_R = -RC\frac{\mathrm{d}u_i}{\mathrm{d}t}$$

输出电压与输入电压的变化率成比例。

如果输入电压是正弦交流电压 $u_i = \sin\omega t$，则输出电压为

$$u_o = -RC\omega\cos\omega t$$

上式表明，输出电压 u_o 的输出幅度将随频率的增加而线性地增加，波形如图 5-36 所示。

需要指出的是，由于图 5-35 所示的电路对输入信号中的快速变化分量敏感，所以它对输入信号中的高频干扰和噪声成分十分灵敏，使电路性能下降，所以图 5-35 所示的微分电路在模拟电路系统很少直接应用，实际应用的微分电路如图 5-37 所示。具体分析如下：

由电路可知，$u_P = 0$，根据虚短的概念，$u_N = u_P = 0$，所以 $i_R = \dfrac{u_R}{R} = -\dfrac{u_o}{R}$

根据虚断的概念，$i_R = i_C$

根据元件特性可得 $i_C = C\dfrac{\mathrm{d}u_C}{\mathrm{d}t}$ $u_s = R_s i_C$ 所以 $-\dfrac{u_o}{R} = C\dfrac{\mathrm{d}u_C}{\mathrm{d}t}$

又因为 $u_s + u_C = u_i$ 所以 $R_s C\dfrac{\mathrm{d}u_C}{\mathrm{d}t} + u_C = u_i$

即 $-\dfrac{R_s}{R}u_o - \dfrac{1}{RC}\displaystyle\int u_o \mathrm{d}t = u_i$

当 $R_s=0$ 时，$u_o=-RC\dfrac{\mathrm{d}u_i}{\mathrm{d}t}$，可见，在实际的微分电路中，串联的电阻 R_s 要小。

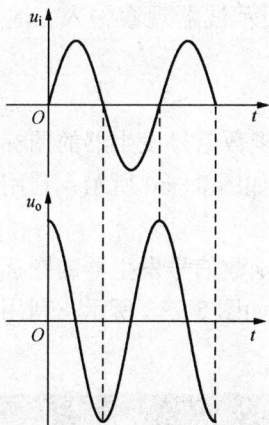

图 5-36　微分运算电路输入输出波形分析

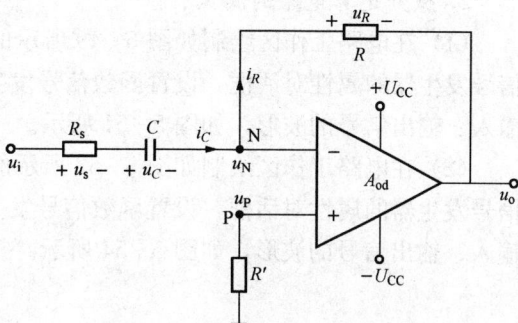

图 5-37　实际应用微分电路

三、实验设备

测试基本运算电路所需实验设备见表 5-12。

表 5-12　　　　　　　　　　　测试基本运算电路所需实验设备

序号	名　称	型号与规格	数量	序号	名　称	型号与规格	数量
1	±12V 直流电源		1	5	集成运算放大器	741	1
2	函数信号发生器		1	6	电阻器、电容器		若干
3	数字式交流毫伏表		1	7	示波器		1
4	直流数字电压表						

四、实验内容

1. 积分运算电路的测试

（1）在电路工作区绘制如图 5-38 所示的电路；双击延迟开关的图标，弹出延迟开关的属性对话框，设置延迟开关的参数，如图 5-39 所示；利用示波器观察输入、输出信号的波形，如图 5-40 所示。

（2）在电路工作区绘制如图 5-41 所示的电路；双击时钟信号源的图标，弹出时钟信号源的属性对话框，设置时钟信号源的参数，如图 5-42 所示；利用示波器观察输入、输出信号的波形，如图 5-43 所示。

（3）在电路工作区绘制如图 5-44 所示的电路；双击函数信号发生器的图标，弹出函数信号发生器的属性对话

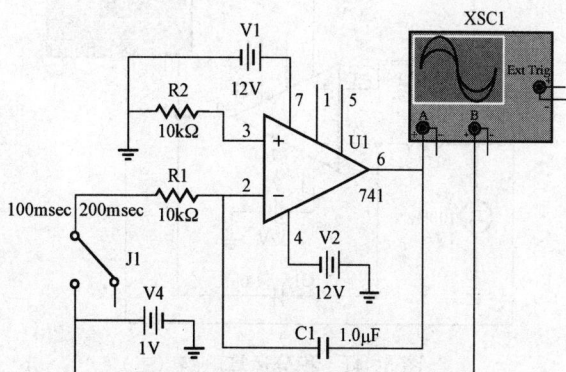

图 5-38　积分运算电路（一）

框，设置函数信号发生器的参数，如图 5-45 所示；利用示波器观察输入、输出信号的波形，如图 5-46 所示。

（4）在电路工作区绘制如图 5-47 所示的电路；利用示波器观察输入、输出信号的波形，如图 5-48 所示。

2. 微分运算电路的测试

（1）在电路工作区绘制如图 5-49 所示的电路；双击函数信号发生器的图标，弹出函数信号发生器的属性对话框，设置函数信号发生器的参数，如图 5-50 所示；利用示波器观察输入、输出信号的波形，如图 5-51 所示。

（2）在电路工作区绘制如图 5-52 所示的电路；双击函数信号发生器的图标，弹出函数信号发生器的属性对话框，设置函数信号发生器的参数，如图 5-53 所示；利用示波器观察输入、输出信号的波形，如图 5-54 所示。

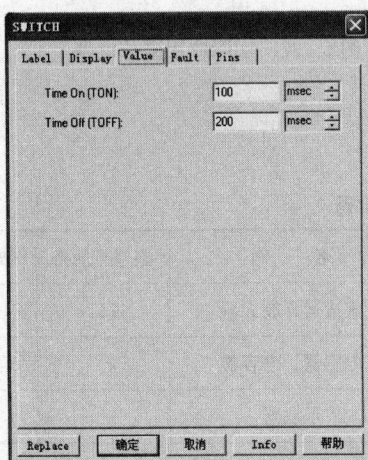

图 5-39 延迟开关属性对话框

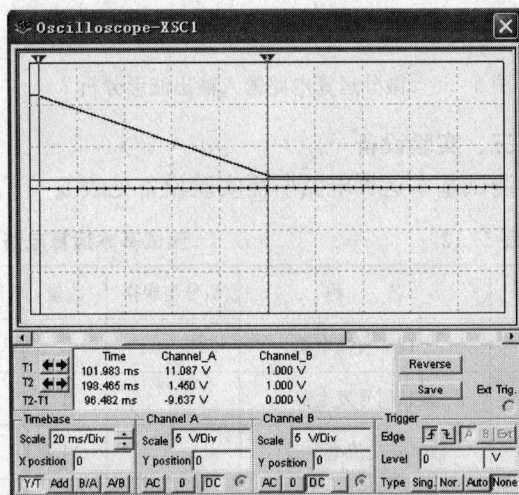

图 5-40 输入、输出电压的波形

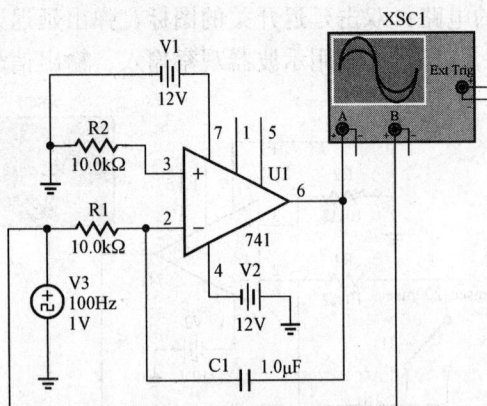

图 5-41 积分运算电路（二）

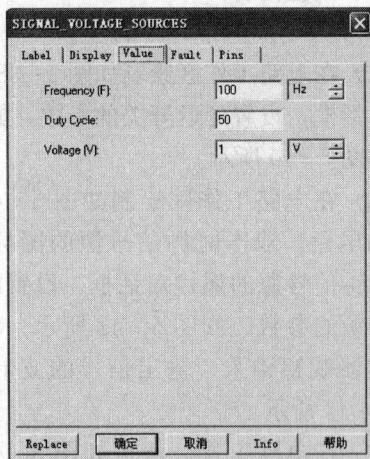

图 5-42 时钟信号源属性对话框

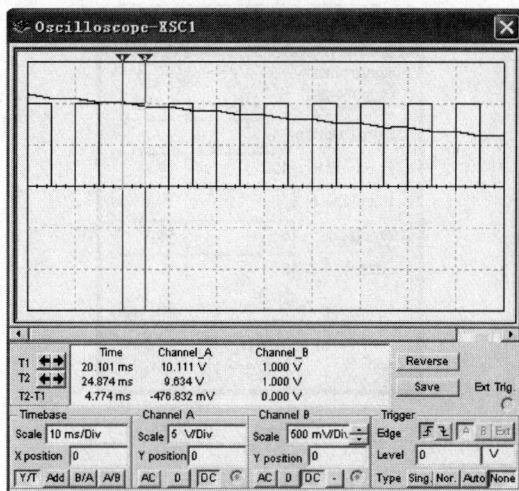
图 5-43　输入、输出电压的波形

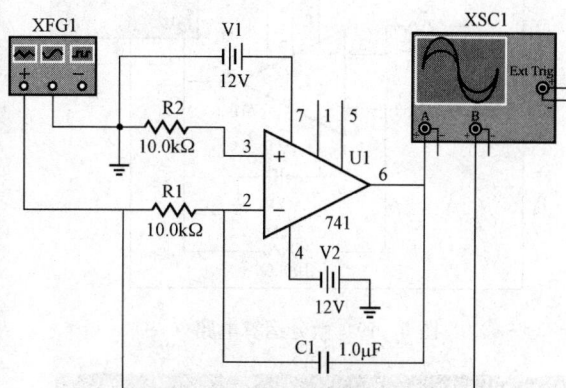
图 5-44　积分运算电路（三）

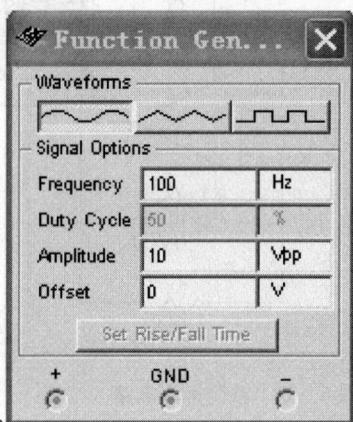
图 5-45　函数信号发生器的对话框

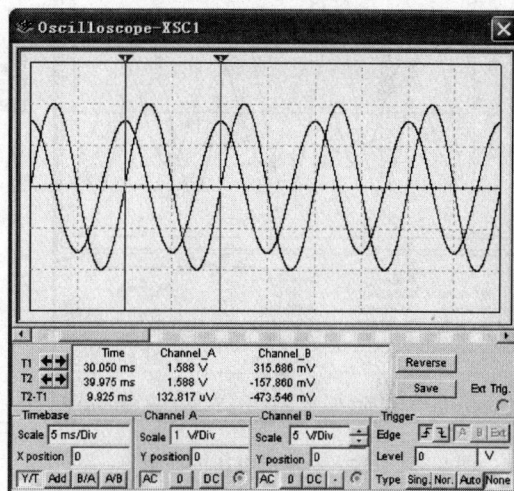
图 5-46　输入、输出电压的波形

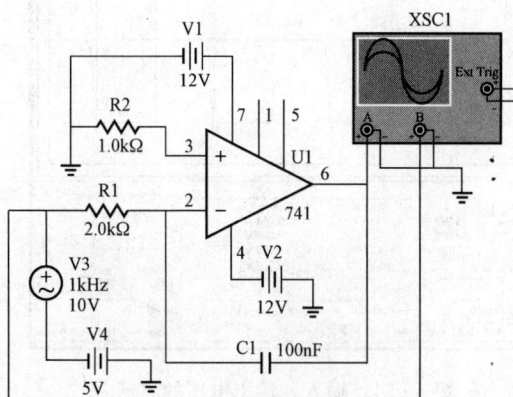
图 5-47　积分运算电路（四）

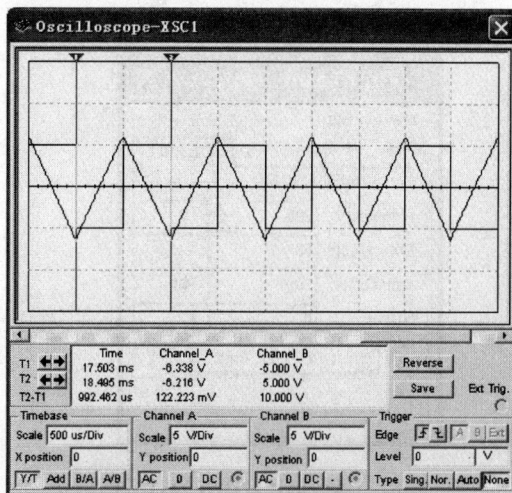
图 5-48　输入、输出电压的波形

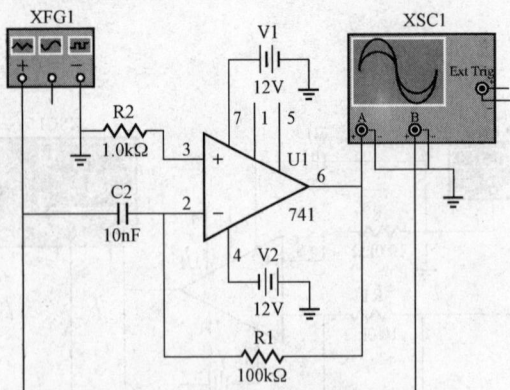

图 5-49　微分运算电路（一）

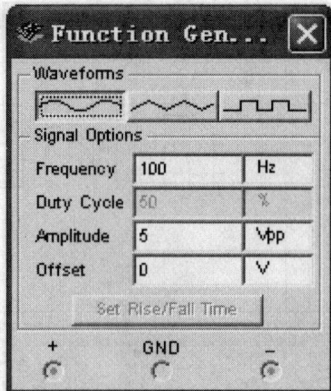

图 5-50　函数信号发生器的对话框

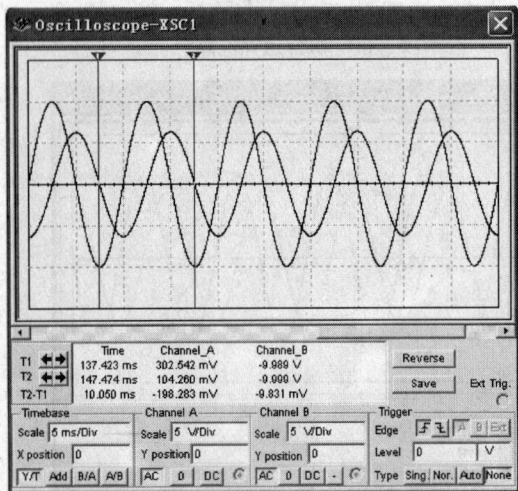

图 5-51　输入、输出电压的波形

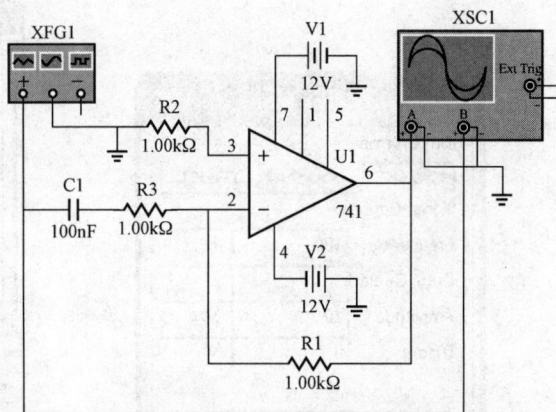

图 5-52　微分运算电路（二）

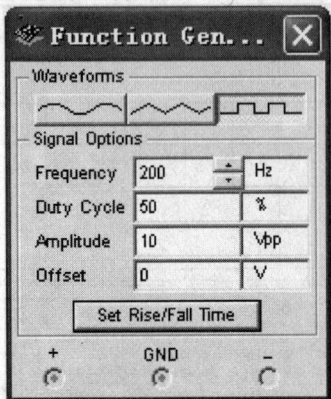

图 5-53　函数信号发生器的对话框

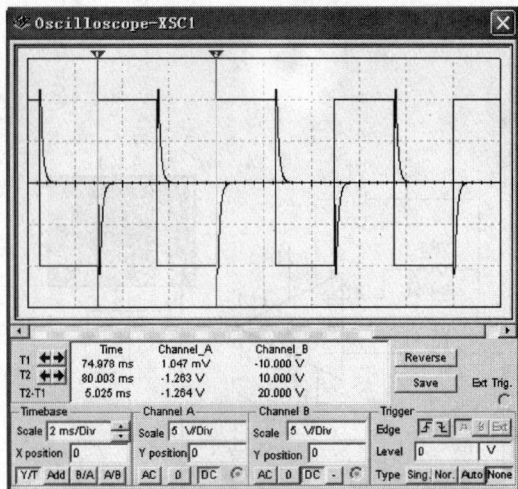

图 5-54　输入、输出电压的波形

五、注意事项

（1）连接电路前必须对实验过程中所用电阻逐一测量，并做好记录。

（2）集成运算放大器的各个引脚不能接错。

（3）集成运算放大器正、负电源极性不能接反，否则将会损坏集成运算放大器。

六、预习思考题

（1）复习微分运算电路和积分运算电路的工作原理。

（2）根据微分运算电路和积分运算电路的参数计算各电路的输出电压。

七、实验总结

（1）整理实验数据，画出波形图（注意波形间的相位关系）。

（2）将理论计算结果和实测数据相比较，分析产生误差的原因。

（3）分析讨论实验中出现的现象和问题。

实验二十五　有源滤波器的测试（二）

一、实验目的

（1）熟悉 MultiSIM 9.0 软件的使用方法。

（2）掌握用运算放大器、电阻和电容组成有源高通滤波器、带通滤波器和带阻滤波器的原理。

（3）理解二阶高通滤波器、带通滤波器和带阻滤波器的特性。

（4）掌握二阶高通滤波器、带通滤波器和带阻滤波器的幅频特性。

（5）学会开关元件的使用。

二、实验原理

1. 高通滤波器（HPF）

与低通滤波器相反，高通滤波器用来通过高频信号衰减或抑制低频信号。

只要将图 4-2（a）所示的低通滤波电路中起滤波作用的电阻、电容互换，即可变成二阶有源高通滤波器，如图 5-55（a）所示。高通滤波器性能与低通滤波器相反，其频率响应和低通滤波器是镜像关系，仿照 LPF 分析方法，不难求得 HPF 的幅频特性。

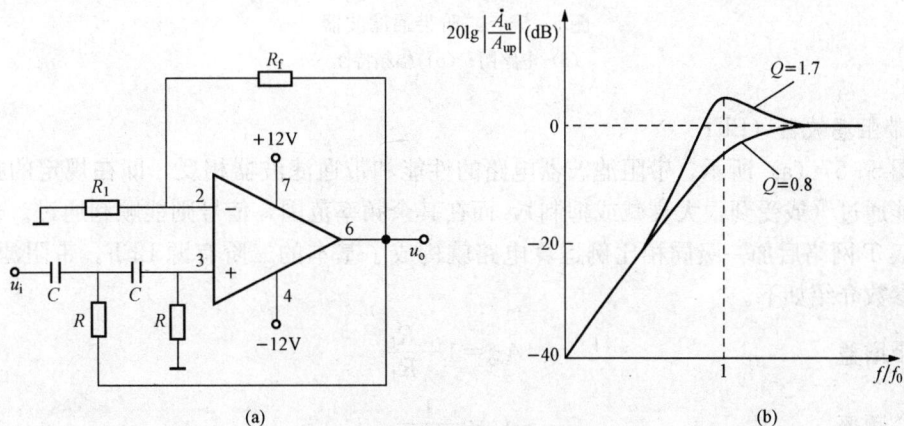

图 5-55　二阶高通滤波器
(a) 电路图；(b) 幅频特性

电路性能参数 A_{uP}、f_0、Q 各量的含义同二阶低通滤波器。

图 5-55（b）为二阶高通滤波器的幅频特性曲线，可见，它与二阶低通滤波器的幅频特性曲线有镜像关系。

2. 带通滤波器（BPF）

带通滤波器的作用是只允许在某一个通频带范围内的信号通过，而比通频带下限频率低和比上限频率高的信号均加以衰减或抑制。

典型的带通滤波器可以从二阶低通滤波器中将其中一级改成高通而成，如图 5-56（a）所示。高通滤波器电路性能参数介绍如下。

通带增益为

$$A_{up} = \frac{R_4 + R_f}{R_4 R_1 CB}$$

中心频率为

$$f_0 = \frac{1}{2\pi}\sqrt{\frac{1}{R_2 C^2}\left(\frac{1}{R_1} + \frac{1}{R_3}\right)}$$

通带宽度为

$$B = \frac{1}{C}\left(\frac{1}{R_1} + \frac{2}{R_2} - \frac{R_f}{R_3 R_4}\right)$$

选择性

$$Q = \frac{\omega_0}{B}$$

此电路的优点是改变 R_f 和 R_4 的比例就可改变频宽而不影响中心频率。

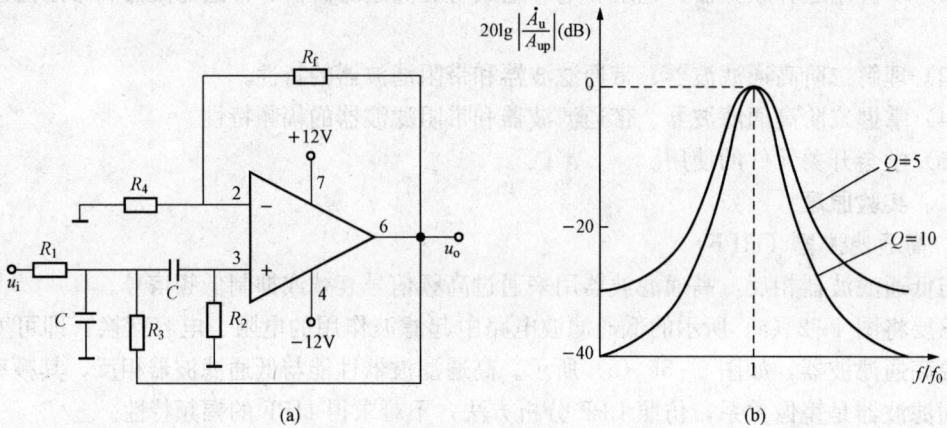

图 5-56　二阶带通滤波器
(a) 电路图；(b) 幅频特性

3. 带阻滤波器（BEF）

如图 5-57（a）所示，带阻滤波器电路的性能和带通滤波器相反，即在规定的频带内，信号不能通过（或受到很大衰减或抑制），而在其余频率范围，信号则能顺利通过。

在双 T 网络后加一级同相比例运算电路就构成了基本的二阶有源 BEF。带阻滤波器电路性能参数介绍如下。

通带增益

$$A_{up} = 1 + \frac{R_f}{R_1}$$

中心频率

$$f_0 = \frac{1}{2\pi RC}$$

带阻宽度

$$B = 2(2 - A_{up})f_0$$

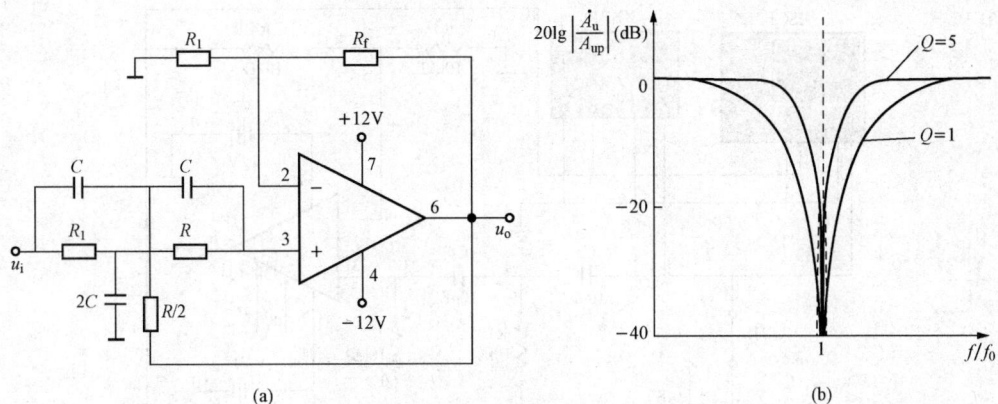

图 5-57　二阶带阻滤波器

（a）电路图；（b）频率特性

选择性
$$Q=\frac{1}{2(2-A_{up})}$$

三、实验设备与器件

测试有源滤波器所需实验设备与器件见表 5-13。

表 5-13　　　　　　　　　　测试有源滤波器所需实验设备与器件

序号	名　　称	型号与规格	数量	序号	名　　称	型号与规格	数量
1	±12V 直流电源		1	5	集成运算放大器		1
2	函数信号发生器		1	6	电阻器、电容器		若干
3	数字式交流毫伏表		1	7	示波器		1
4	直流数字电压表						

四、实验内容

1. 二阶高通滤波器

（1）在 MultiSIM 9.0 软件的电路工作区输入二阶高通滤波器实验电路如图 5-58 所示的实验电路。

（2）当输入为 $U_i=2V$，$f=2kHz$ 正弦信号时，用示波器观测输入信号和输出信号的波形，测出输入信号和输出信号的幅值，如图 5-59 所示。

（3）在电路工作区，单击键盘字母"A"，将输入信号为 $U_i=2V$，$f=200Hz$ 正弦信号时，用示波器观测输入信号和输出信号的波形，测出输入信号和输出信号的幅值。

（4）利用波特图仪测量二阶低通滤波器的幅频特性曲线，如图 5-60 所示。

（5）将电阻 $R_4=10k\Omega$ 改为 $R_4=5.1k\Omega$，重复（2）、（3）、（4）的实验内容。

2. 二阶带通滤波器

（1）在 MultiSIM 9.0 软件的电路工作区输入二阶带通滤波器实验电路如图 5-61 所示的实验电路。

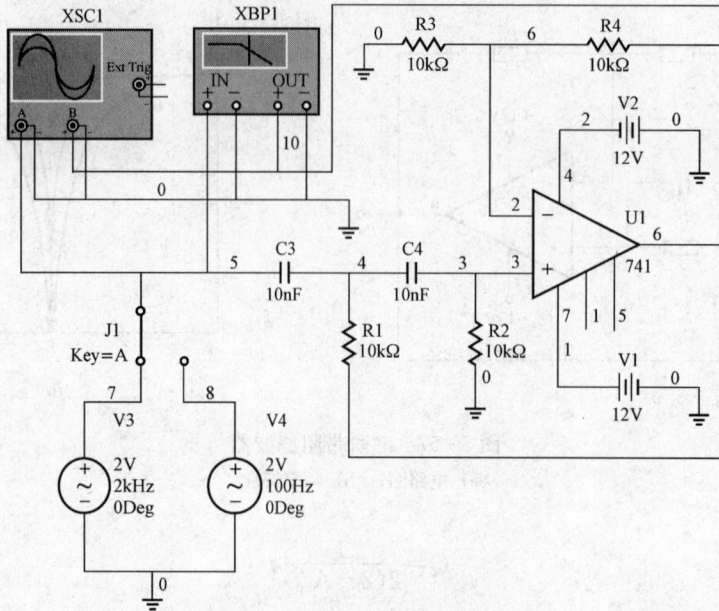

图 5-58　二阶高通滤波器实验电路

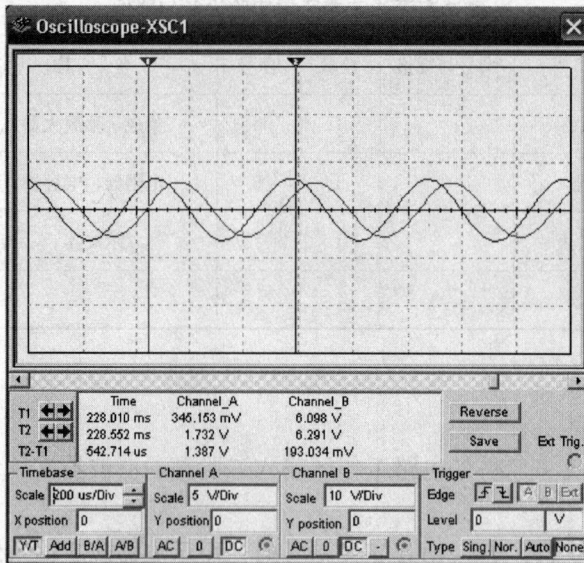

图 5-59　二阶高通滤波器输入、输出波形

（2）当输入为 $U_i=2V$、$f=1.5kHz$ 正弦信号时，用示波器观测输入信号和输出信号的波形，测出输入信号和输出信号的幅值，如图 5-62 所示。

（3）当输入为 $U_i=2V$、$f=150Hz$ 正弦信号时，用示波器观测输入信号和输出信号的波形，测出输入信号和输出信号的幅值。

（4）当输入为 $U_i=2V$、$f=15kHz$ 正弦信号时，用示波器观测输入信号和输出信号的波形，测出输入信号和输出信号的幅值。

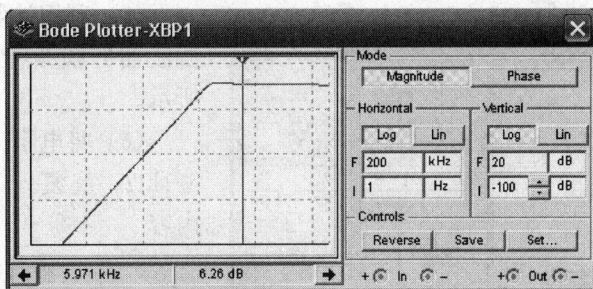

图 5 - 60　二阶高通滤波器幅频特性曲线

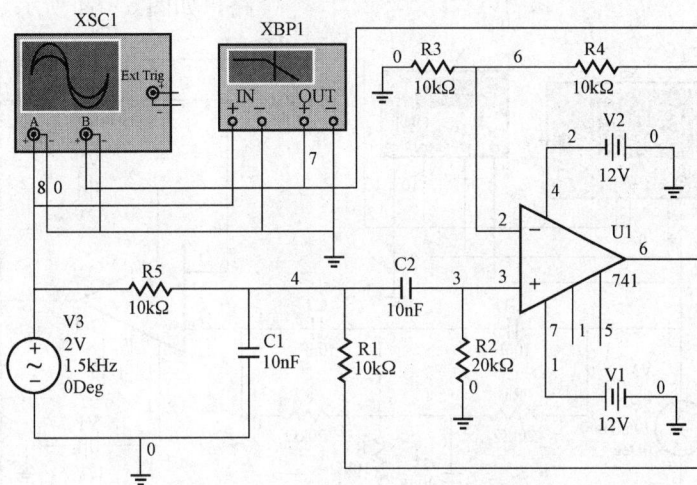

图 5 - 61　二阶带通滤波器实验电路

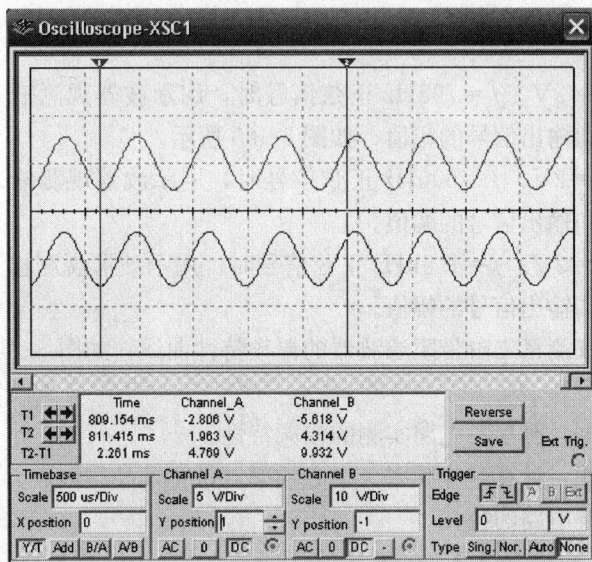

图 5 - 62　二阶带通滤波器输入、输出波形

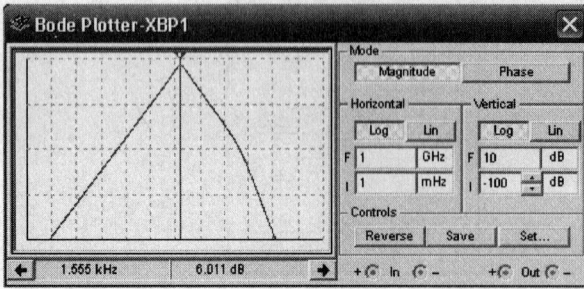

图 5-63   二阶带通滤波器幅频特性曲线

（5）利用波特图仪测量二阶带通滤波器的幅频特性曲线，如图 5-63 所示。

（6）将电阻 $R_4 = 10\text{k}\Omega$ 改为 $R_4 = 5.1\text{k}\Omega$，重复（2）～（5）的实验内容。

3. 二阶带阻滤波器

（1）在 MultiSIM 9.0 软件的电路工作区输入二阶带阻滤波器实验电路，如图 5-64 所示。

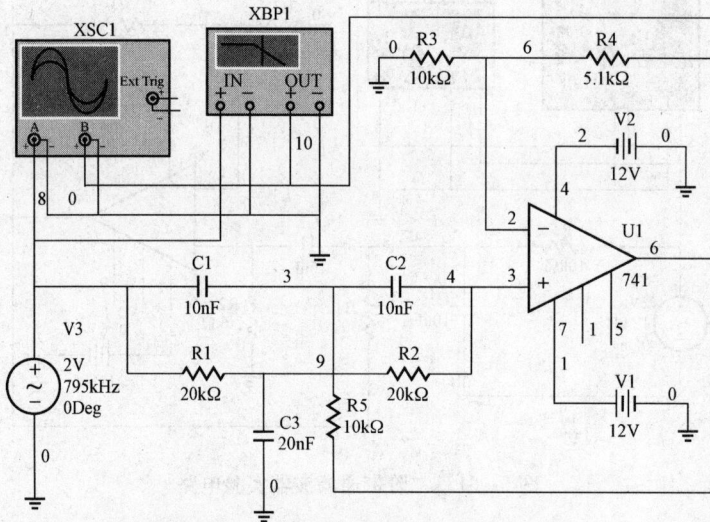

图 5-64   二阶带阻滤波器实验电路

（2）当输入为 $U_i = 2\text{V}$、$f = 795\text{Hz}$ 正弦信号时，用示波器观测输入信号和输出信号的波形，测出输入信号和输出信号的幅值，如图 5-65 所示。

（3）当输入为 $U_i = 2\text{V}$、$f = 500\text{Hz}$ 正弦信号时，用示波器观测输入信号和输出信号的波形，测出输入信号和输出信号的幅值。

（4）当输入为 $U_i = 2\text{V}$、$f = 1.5\text{kHz}$ 正弦信号时，用示波器观测输入信号和输出信号的波形，测出输入信号和输出信号的幅值。

（5）利用波特图仪测量二阶带阻滤波器的幅频特性曲线，如图 5-66 所示。

五、实验总结

（1）整理实验数据，画出各电路实测的幅频特性。

（2）根据实验曲线，计算截止频率、中心频率，带宽及品质因数。

（3）总结有源滤波电路的特性。

六、预习要求

（1）复习教材有关滤波器内容。

（2）分析图 5-58、图 5-61、图 5-66 所示电路，写出它们的增益特性表达式。

（3）计算图 5 - 58 的截止频率，图 5 - 61、图 5 - 66 的中心频率。

（4）画出二阶高通滤波器、带通滤波器和带阻滤波器的幅频特性曲线。

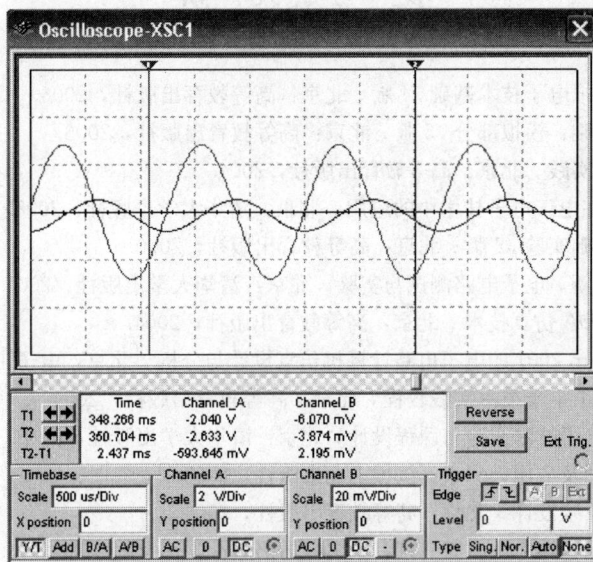

图 5 - 65　二阶带阻滤波器输入、输出波形

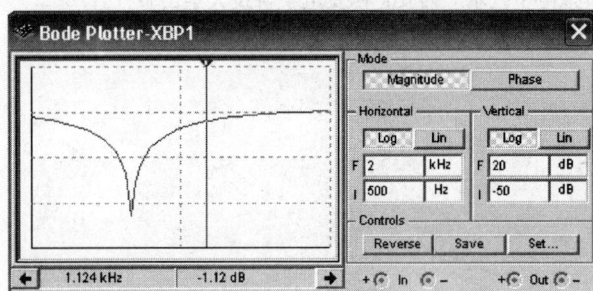

图 5 - 66　二阶带阻滤波器幅频特性曲线

参 考 文 献

[1] 童诗白，华成英．模拟电子技术基础．4 版．北京：高等教育出版社，2006．

[2] 康华光．电子技术基础：模拟部分．5 版．北京：高等教育出版社，2006．

[3] 付家才．电子实验与实践．北京：高等教育出版社，2004．

[4] 董玉冰．Multisim 9 在电工电子技术中的应用．北京：清华大学出版社，2008．

[5] 陈大钦．电子技术基础实验．2 版．北京：高等教育出版社，2000．

[6] 朱定华，陈林，吴建新．电子电路测试与实验．北京：清华大学出版社，2004．

[7] 崔建明．电工电子 EDA 仿真技术．北京：高等教育出版社，2004．

[8] 黄智伟．基于 Multisim 2001 的电子电路计算机仿真设计与分析．北京：电子工业出版社，2004．

[9] 郭爱莲，李桂梅．电工电子技术实践教程．北京：高等教育出版社，2004．

[10] 赵淑范，王宪伟．电子技术实验与课程设计．北京：清华大学出版社，2006．

[11] 吴建平．传感器原理及应用．北京：机械工业出版社，2009．

[12] 马建国，等．电子系统设计．北京：高等教育出版社，2004．

[13] 王煜东．传感器应用电路 400 例．北京：中国电力出版社，2008．

[14] 于军，杨潇，王庆伟．电工电子技术实验教程．北京：中国电力出版社，2009．

[15] 刘祖刚．模拟电路分析与设计基础．北京：机械工业出版社，2007．

[16] 江晓安，董秀峰．模拟电子技术．西安：西安电子科技大学出版社，2002．